什麼是灌頂？

灌頂意義·大手印修持問答

Wishfulfilling Nectar to Delight the Worthy Offered
in Reply to Questions
on the Key Points of the Ripening Empowerments
and the Mahamudra Path of Liberation

策列那措讓卓 Tsele Natsok Rangdröl ◎著
普賢法譯小組／林姿瑩◎譯　楊書婷◎校對

目次

確吉・尼瑪仁波切推薦序

諸佛過去已曾出世、未來亦將出世，現在我們正於導師釋迦摩尼佛，即當今賢劫第四佛的時代。吾等本師佛陀，巧智廣大、悲心無量，對於得以聞佛法音的具緣眾生，佛陀皆隨宜根器宣說無數甚深妙法。於此釋迦摩尼佛出世之賢劫，眾生能領受到經部與續部的法教，尤其，藏傳佛教結合了經續二部的教導，經部與續部實際上更是本為一體、無可分別。我非常高興能介紹這部策列那措讓卓的教導——《什麼是灌頂？》之譯本。作者策列那措讓卓是極為卓越的大師，他不僅是優秀學者，也是大成就者。他的特點與西藏的巴楚仁波切、印度的寂天論師相似，大師的心性溫藹自持，從中流露出深妙的幽默，同時也善於點出他人隱蔽深藏的過失，並給予善巧忠告以助其改進。倘若我們尚未清淨罪業，便無法開展真正的修道功德，這一點是無庸置疑的。因此，有必要揭顯我們隱藏的過失與缺點，再依循耳傳教導而轉化之。藏傳佛教的戒律包含別解脫戒、菩薩戒，與金剛乘三昧耶等三種層次。其中的「三昧耶」全然仰賴於領受成熟灌頂，也仰賴於真實直指並認出本初智，這也正是灌頂的本質。想要於此生即身成佛，其捷徑即是平等住於本初智根本境地的禪修。

我們都聽過金剛乘更勝於其他法乘的說法，但其來由為何呢？金剛乘的超勝之處在於：若能領受真正的成熟灌頂與解脫引導，且正確運用這些法教，將可藉此成就證悟。最勝根器者是當生成就證悟，其次則是於死亡之際證悟，即使是最劣根者，只要我們未曾造下諸如誹謗三寶、失毀三昧耶、拋下過去曾為我們母親的有情眾生且因此捨棄菩薩戒等嚴重惡業，都仍有機會在死後中陰時，了悟自己本具的法性自性，由此獲得解脫。能讓我們獲此成就的關鍵教導取決於灌頂、取決於我們對本初智的體驗，此即是灌頂之自性。

在父續、母續、無二續與心髓等各種續部中，授予灌頂的方式並不相同。有些強調善巧方便，有些強調智慧，有些是方便與智慧並重，有些則重視勝義自性。各續部對於授予教導的灌頂儀式，或是實際運用教導含義的修持，都有不同的著墨之處。

本書是由十七世紀的學者、詩人，同時也是佛法大師的策列那措讓卓所撰寫，他不僅是卓越的智者，更是具有極高修行成就的大師。他於書中闡明成熟灌頂的真實本質、領受灌頂之目的與利益、誰能真正地授予灌頂、領受灌頂後如何成就解脫，並說明解脫真正的含義為何。

策列那措讓卓更在書中闡釋大手印的真正意義。他所教導的內容，不是指引行者在修習大手印的過程中，逐步經歷各種關鍵修持次第時，不可或缺的甚深精妙要點。為了泯除我們的懵懂無知、誤解與懷疑，策列那措讓卓透過問答的形式來給予指導，他的回答也都出自親身的體驗。

我認為本書的英譯本將能帶來廣大利益。正如我們可以看到，當今時代中，佛陀的共通法教與不共金剛乘的教導，正在遍及整個世界。

金剛乘的真實意趣是不可思議的精妙，有些人覺得難以正確了解其本質。他們可能誤解密法的意義，抑或懷疑這些教導。我想這解釋了為何近期出版了一些有爭議的譯本，這些文本有些是由佛學素養不足的人所作，有些甚至只是來自個人錯誤假設的心得。很遺憾地，這樣的書籍並不合於密宗的旨趣。由尚未證悟者宣講金剛乘並作論著書，其行止與思惟卻有違於密宗的義理，這種情況使我極其擔憂。

若想挽救這樣的過失，似乎只有一個方法，即是要依循密宗旨趣來介紹四種灌頂，我認為最佳的做法，莫過於正確翻譯學識廣博又具有修道成就的具德上師所傳授之教誡，我對策列那措讓卓的教導極具信心，因此我鼓勵艾瑞克．貝瑪．昆桑（Erik Pema Kunsang）翻譯這個教導。我相信我們並未犯下洩漏密法的過失，又何況這樣的書籍猶如藥方，能消除寡聞、誤解與懷疑。我確信我的本尊與上師們也會同意，這個譯本能夠帶來廣大利益。

偉大上師頂果欽哲法王多次叮嚀我，那些沒有興趣成為大學者、只想將此生致力於真實了悟見地，並且真誠渴求達至無上修行頂峰的行者，只需要學習策列那措讓卓關於中陰、大手印與大圓滿的些許教導。若能正確學習並思惟這些法教，必能發現，那猶如佛法八萬四千法門之究竟心要的直指竅訣，已在此中圓滿。

確吉・尼瑪仁波切

英譯版編輯序

近二十多年來，各個不同國家的弟子們，已經與一波波絡繹不絕、來自於藏傳佛教傳統的上師結下法緣，這些師長也給予為數眾多的灌頂。為了凸顯灌頂的甚深儀式如何有別於空洞的形式，並且闡明金剛乘義理與實修上的諸多次第，尊者確吉・尼瑪仁波切囑咐我們翻譯策列那措讓卓的另一本著作。策列那措讓卓除了是十七世紀的哲學家、禪修大師、詩人，更是一位修行者，他的著作還包含《大手印之燈》《正念明鏡》《日輪》。

灌頂儀式也稱為進入金剛乘的必經之門，藉由傳承祖師的加持、我們自身的虔心，以及灌頂儀式為我們指出的智慧，讓我們獲得修持金剛乘的權力。然而，唯有我們自己誓言持續修持，才能保有並圓滿了悟獲得的權力。

灌頂（梵 abhisheka）也稱為「賦予權力」，此名稱原本是指為王子加冕，在其成為國王之時，正式授予他天生本具的統治權。同樣的，灌頂是由具德的金剛上師傳授給堪能受法的弟子，賦予這位弟子權力，令其了悟自身的所有潛能，了悟身、語、意的神聖自性，並了悟本初之智。灌頂儀式開啟我們天生所具備的權力，讓我們的生命與修持都以證悟原則為要旨。

本書詳盡解釋了灌頂儀式的各種面向，以及諸多如同寶藏的實修要點口訣，更特別提到大手印與大圓滿解脫道當中，簡單又直接的法門。

這本策列那措讓卓的著作，內容是他回應弟子米滂・袞波一系列提問的答覆，為了文章簡潔之故，並未將問題列在原始文本中。

翻譯此書時，我們決定刻意不為某些內容抉擇明確的解釋，有興趣的讀者可再向具德上師請教釋疑，進一步闡明法教內涵。除此之外，我們以括號添加補充說明，好加強翻譯的準確度，並且加上注釋以利讀者理解。為了解釋在其他相關書中尚未說明的常見名相，本書也附上重新編修的詞彙表，並且在翻譯此書時盡可能貼近原文，不做任何增減。

若是沒有師長與法友的慷慨相助與指教，我們必定無法完成所有書籍的翻譯，本書也不例外。故而，在此特別感激祖古・烏金仁波切為我們分享他不凡的洞見；感謝確吉・尼瑪仁波切為我們解疑釋惑、一路鼓勵支持我們完成這項計畫；同時也感謝葛林漢・桑斯坦（Graham Sunstein）、埃德娜・拉瑪（Edna Lama）、比爾・卡雷利斯（Bill Karelis）、拉莫（S. Lhamo）、黛博拉（Deborah）、比贊（Bizhan）提供許多建議。另外還要特別感謝審校凱瑞・莫芮（Kerry Moran），對此計畫來說她是珍貴又不可或缺的一環，並祈願將此書的些許福德，迴向給她的小兒子尼可拉斯・加姆（Nicholas Gamm），他的驟然離世讓我們痛徹心扉。

我們以翻譯、出版並學習實修此珍貴教導的善業，祈願頂果欽哲法王的轉世迅速降世。祈願祖古・烏金仁波切、確吉・尼瑪仁波切，與所有佛法傳承持有者長久住世。祈願所有虔誠修行者，也就是未來諸佛，皆能克服一切修道障礙，引領眾生獲致安樂。今於世尊自兜率天重返人間之佛陀天降日圓滿此譯本，並作此祈願。

艾瑞克・貝瑪・昆桑、

馬西亞・舒密特（Marcia Schmidt）

一九九三年寫於納吉寺

前言

南摩・咕汝・三曼達那・阿達雅巴雅①！

本尊上師無二敬頂禮！

眾生本初如來藏，自成然受俱生翳。

無礙演示自明智，大樂輪頂師敬奉❶。

編按：●為原註；○為譯註

① 梵 NAMO GURU SAMADANA ADVAYABHYA！此外，書中〔〕內的文字為中譯者為協助讀者理解所加上的內容。

❶ 大樂輪位於頭頂頂門的中心。

能引眾生解脫門，難思捷道真實予，
唯勝密乘別無他，故今論義隨問答。
聞思修力劣愚夫，豈能如實說深義，
清淨利他勝善導，於君諮問敬獻答。

（恭敬頂禮與本尊無別之上師。

本初以來，眾生即具有如來藏②，如此佛性乃任運自成，卻為俱生翳障所遮蔽。因此，對於無礙自在教示本明智慧之上師，我當恭敬尊奉於大樂輪頂上。

能授予引領眾生解脫的法門，以及不可思議又迅捷的真實法道，唯有無可匹敵的殊勝密咒金剛乘。故而在此對密咒金剛乘之法義作探討與回答。

不過，我只是聞、思、修力量微弱的一介愚夫，又怎能如實講說甚深法義呢？但因為您這位殊勝善巧導師，以為求利益他人的清淨心而提問，我也當為您獻上答覆。）

多生多世所做皆清淨希有，為佛法與眾生的如意滿願寶——如此的您，持有法主米滂．袞波之名，眼界開闊、目廣無垢，徹見一切所知法，

②又名善逝藏、佛性。

沒有任何混沌未明之疑惑。

然而為了利益後世欲入正法之人，您廣開善巧事業之門，特意詢問我密乘成熟解脫二者的些許要義。因此，愚夫我以一些猜想作為答覆，當中或許有尚未明白或誤解的錯謬之處。懇請您，以不可思議法界甚深廣大之心而予以原諒。

此外，若能完整列出您的提問，應可讓讀者更易理解並使文章更為連貫。不過老夫我為了避免文字負擔過重，僅只略攝當中關鍵要點，以此供養您。

第一章

成熟灌頂

您問到關於成熟灌頂之體性，與領受灌頂之分類，以下我將引用續部的教證，並以總說與分說兩種方式解釋。

所有密咒金剛乘法門的入門之道，皆倚靠成熟與解脫二者，要是未得到成熟灌頂，就連聽聞續部經典、教言、口訣當中一句偈言的資格都不具備。況且，說法者與聽法者除了無法得到加持，也會因為洩漏密法而有難以計數的墮罪過失。要是未領受灌頂，卻以自己在修習解脫法門而自滿，不僅無法獲得悉地成就，反倒將造下種種障礙因緣，過患無窮無盡。如《佛頂經》云：

「箜篌雖形好，無絃難鼓之。
未灌頂如是，咒定悉不成。」

（縱使是琴身完好的箜篌，要是少了絃也無法彈奏。未獲灌頂便等同於此，無論密咒與禪定都不能成就。）

如《金剛薩埵心鏡續》提到：

「未依密灌無可成，譬如無棹之舟夫，何以渡河至彼岸。」

（若未依密法如理領受灌頂，勢必無法成就。好比手無船槳的船夫，又怎麼能渡河達至對岸？）

一如此處所說的，無數教導均提及未受灌頂之過患。至於領受灌頂之利益，則如《金剛薩埵心鏡續》所說：

「一切灌頂如實受，密咒無修盡得成。」

（若能真實領受一切灌頂，無須修習即能成就一切密咒。）

又如《明界續》云：

「得灌善男子如是，今生眾願皆稱意，來世悉當成正覺。」

（獲灌頂之善男子正是如此，此生所有心願都能心想事成，來世將現證菩提。）

諸如這般的教言為數眾多，不勝枚舉。

如上所說，灌頂之「因」或種子，自本初以來即存在於自心相續之中；灌頂之「緣」，則是上師加持，以及運用種種符號方便（灌頂儀軌所用的文字、手勢、法器等）。好比轉輪聖王受灌頂而得王位，受加冕者必須是千真萬確的皇家之子，在其受封王位前，僅能被稱作「王子」而非「國王」，待登基並得到王國的統治實權後，他便成為真正的國王。同樣的，雖然四灌的種子自本初以來即已存在弟子的心續內，然而，在未經灌頂而成熟之前，本智仍無法顯現。《大象入水後續》云：

「眾生心性覺性光明義，無治自成佛陀安住處，

如入顯義成熟解脫道，徹見佛果自心相續中。」

（眾生的心性為自明覺性的光明真實義，如此的心續，即是

任運自成、無修改且無整治之佛的安住處。

若趣入顯明真實義的令心成熟灌頂與解脫道，將於自心相續中徹見佛果。）

接下來從本質、詞義、類別、必要四種面向解釋灌頂。

首先，灌頂的本質如《四河灌頂集續》所說：

「令清淨成熟，離障入本智，

安立十三地，金剛持果位。」

（清淨相續，使之成熟，離於垢障，契入根本智，安立於十三地的金剛持果位。）

一如此處所說，灌頂是一切法門之王，能令存在於自身中的根本智自然顯現。

接下來解釋灌頂之詞義。身、語、意三門原本皆隨迷亂習氣而為，毫無自主能力。而現在，有個法門能讓你掌握四身無別之果位，如此法門即名為「灌頂」。

梵文中的「阿比興扎」（Abhishencha），字義是「清淨垢障」。其含義為：依四灌之力，遣除身、語、意垢障，並清淨所知障。此外，梵文的「阿比謝嘎達」（abhishekata）一詞，意指「結下福緣」。是何種福緣呢？由寶瓶灌頂而締下自觀本尊之福緣；由祕密灌頂而得觀修氣脈之福緣；由智慧灌頂而得觀修樂空俱生之福緣；由珍貴句義灌頂而締下薰習超越能所二取的智慧福緣。

梵文裡還有「阿比希地」（abhisiddhi）的用語，代表「成就」或「成熟」。如何成熟呢？藉由寶瓶灌頂使身的蘊、界、處皆成熟為本尊；藉由祕密灌頂令出、入、住的聲息皆成熟為咒語之自性；藉由智慧灌頂令菩提心明點成熟為大樂，使一切感受成熟為俱生智；藉由句義灌頂來清淨一切顯有，令其成熟為廣大周遍的清淨法身。灌頂的詞義即如以上所說。

就類別來說，一般而言，在不同密續次第裡，有不同的灌頂方式。

如《智點續》云：

「水及冠灌頂，共許於事續。
杵鈴名灌頂，更於行續說。
不退轉灌頂，顯在瑜伽續。[1]」

（事續講解水灌頂與冠灌頂；行續闡明金剛鈴灌頂、金剛杵灌頂、名灌頂；瑜伽續更是彰顯不退轉灌頂之義。）

---

①此段中譯引自《密宗道次第論》（克主大師著，法尊法師譯，《大藏經補編》第十冊，No. 57）。

事續中，藉由水灌頂、冠灌頂、授明儀式等，使弟子轉化成合適的法器；行續又增添鈴、杵、名灌頂，故而共有五種明灌頂（水、冠、鈴、杵、名）；瑜伽續還另有不退轉金剛阿闍黎灌頂，或名「成就金剛禁行」灌頂。以上為密乘新譯派（音譯「薩瑪」派）與舊譯派（音譯「寧瑪」派）共同承許的灌頂道理。

以密乘無上瑜伽續或所謂的「內密」來說（事、行、瑜伽續另稱為「外密」），新譯派與舊譯派在完整傳授四灌的方式上並無差別，不過對四灌的各種分類則有諸多著墨。

就新譯派來說，勝樂金剛、喜金剛、密集金剛等灌頂大致相似。在時輪金剛則談到，首先以水灌頂淨化五界障垢，成就五佛母悉地並得初地；寶冠灌頂淨化五蘊障垢，成就五佛父悉地，得第二地。以上兩種灌頂能清淨身的遮障，種下成就身金剛的種子。

同樣地，冠帶灌頂淨化十風垢障，成就十能力母悉地並得第三地；鈴杵灌頂淨化左、右二脈，成就主尊佛父佛母悉地並得第四地。以上二種灌頂清淨語的遮障，於相續中種下語金剛的種子。

接著，禁行灌頂淨化根、塵、八識的垢障，成就菩薩父母悉地，得第五地。名灌頂淨化業和所作（能作與所作）的垢障，成就明王與明母（忿怒尊佛父母）悉地並得第六地。此二種灌頂能清淨意遮障，種下能得到意金剛果位的能力種子。

此外，藉由隨許餘灌頂而清淨遮蔽智蘊與識界的障垢，成就佛部部主金剛薩埵佛父母悉地並得第七地，引至本智金剛果位。以上七灌[1]稱作「稚童入門七灌」。教導中提到，得此七灌者，即為修持密咒之居士（upasika）。

次者，藉由寶瓶灌頂安立得第八地之能力，成為修持密咒之沙彌。藉由祕密灌頂得第九地並成為修持密咒之比丘。由智慧灌頂得第十與第十一地。藉由第四灌得第十二地，成為眾生之勝主。以上如同《時輪續》所說的，灌頂帶領行者依序前進。

其他續部當中，還將寶瓶灌頂分為五明灌頂、究竟禁行金剛阿闍黎灌頂、祕密灌頂、智慧本智、句義灌頂等次第，可見灌頂的分類方式種類繁多。

根據密咒乘舊譯寧瑪派，灌頂分類方式有二，一者是依灌頂法源而有別的「灌頂四河」；另一者是依灌頂傳授方式而有別的「灌頂四次第」。其中，灌頂四河為：教言經典灌頂、本尊灌頂、智者班智達灌頂、覺性妙力灌頂；灌頂四次第則為：寶瓶灌頂、祕密灌頂、智慧灌頂、句義灌頂。

---

❶ 再次說明，這七項灌頂是水灌頂（寶瓶灌頂）、寶冠灌頂、冠帶灌頂、鈴杵灌頂、禁行灌頂、名灌頂，與隨許餘灌頂。

若依《大幻化網・寂忿文武百尊》經典所說道理，以上灌頂可再細分為十種「外饒益灌頂」：

頂嚴與寶冠；

寶鬘、鎧甲、勝幢；

手印、寶傘、寶瓶；

飲食與五精華。

以及五種「內功用灌頂」：

講說、聽聞、修習、行各種事業、能成就金剛阿闍黎之能力。

上述十五種灌頂為寶瓶灌頂的次分類。

接下來是祕密灌頂、智慧本智灌頂、無別大樂灌頂，此三者稱為「祕密甚深三灌頂」。因此共有十八種不同灌頂。

若依《修部八教》❷之教理，分為不共的本智灌頂、共通的悲心灌頂等兩種。不共本智灌頂有以下四次第：

一、以象徵物質壇城為依，事行續功德遞進❸之八種外灌頂；

二、以七百二十五位本尊諸眾為依，瑪哈阿努瑜伽圓滿加持之九種內灌頂；

---

❷ 有關《修部八教》或稱《修部八教．善逝總集》的詳細資訊，請參閱《蓮師傳：蓮花生大士的生平故事》。

❸「功德遞進」表示下乘的意趣和含義，基本上都包含在上乘的法門之中。

三、以佛父母雙運為依，圓滿菩提心速行於地道之三種密灌頂；

四、以真如自明本智壇城為依，阿底瑜伽圓滿之六種密灌頂。

如上共有二十六種本智灌頂。

此外，還有十三種共通的悲心灌頂，當中包含八種能令教言廣遍灌頂，與五種增長灌頂，以上總共三十九種灌頂，並可細分為兩百三十七種不同的灌頂。

另外，按《上師意集》❹經教傳統當中，成熟灌頂儀軌《心鏡續》所說的道理，灌頂包含以下幾類：

十種外寶瓶灌頂，包含五種智慧灌頂與五種結行灌頂；

一百一十七種金剛王廣教之內灌頂；

三十四種金剛阿闍黎之祕密灌頂；

二十五種珍寶悉地供物之功德灌頂；

二十一種調伏聞教行事之事業灌頂；

七種授教隨許之圓滿灌頂。以上灌頂共兩百一十二種。

又，根據寧瑪派所有灌頂的要點，即九乘次第[5]共同灌頂的《集

---

[4]《上師意集》的法門，是由桑傑林巴（一三四〇—一三九六）取出的伏藏法，因多達十八函且每函約七百頁而聞名。

[5]九乘分別為：聲聞、緣覺、菩薩、事續、行續、瑜伽續、瑪哈瑜伽續、阿努瑜伽續，以及阿底瑜伽續。

經》大灌頂傳統當中所說傳規，則有以下分類：

前行：清淨惡障、度脫三途之壇城，金剛薩埵與金剛手無別的主從十三尊為依之殊勝十六大灌頂。

善趣天人乘：揭顯壇城十一座與一百二十三種灌頂。

聲聞乘：五壇城與三十九種灌頂。

獨覺乘：四壇城與四十五種灌頂。

願、行菩提心乘：十壇城與五十三種灌頂。

事部：六壇城與六十二種灌頂。

行部❻：一壇城與二十八種灌頂。

瑜伽部：金剛界二壇城與九十九種灌頂。

無上密瑪哈瑜伽部寂忿二部：寂靜部六壇城與三百六十二種灌頂；忿怒部六壇城與六百四十種灌頂。

阿努瑜伽部：十一壇城與八百五十五種灌頂。

大圓滿阿底瑜伽部：一壇城與十八種本覺妙力灌頂。

上述所有灌頂的後依儀軌，為成就長壽大灌頂，當中有一壇城與五十八種灌頂。簡言之，若未一一計入《集經》大灌頂雙門壇城等，則共有五十四座彩沙壇城與五十五座三分壇城，其中住有一千九百八十位本尊，灌頂總數多達兩千四百四十項。

---

❻ 行部（Ubhaya）代表將見地與事部的行持結合。

如上所說，這些密乘新、舊譯派的不同灌頂數量，只算入四灌本身的子分類，還未包含前行預備、正行修供及結行儀式等完整步驟的數目。這些項目的確切數量，在新譯薩瑪派和舊譯寧瑪派的各種灌頂文本中差異頗大。更何況，新舊譯派的灌頂文本還有無數的廣略差別，其中的口傳、講解、灌頂，又各有難以思量的大小灌頂，怎能確定灌頂總數呢？簡言之，凡是無上密宗裡，所有能令成熟的方法，無一不含括在寶瓶灌頂、祕密灌頂、智慧灌頂、句義灌頂四者之中。

另外要附帶一提，新譯派的多位學者，駁斥密咒舊譯派灌頂文本中諸如聲聞、緣覺灌頂的所有大小乘灌頂[7]。一般來說，除了密咒乘之外，經部、律部都未提到灌頂，然而《集經》則教示諸法大道皆齊備於密咒道之中❽。對於利根頓證的行者來說，修持密咒乘的捷徑就足夠了，但對於其他漸修根器的人來說，則應以逐步向上的次第加以引導。《喜金剛．二品續》如此說：

「初授以長淨，復示毗婆沙，經部亦如是。」

（首先應授予長淨齋戒的教導，於後講說根本說一切有部，與經部宗的義理。）

以上解說聲聞乘的教導。

---

❼在此指的是進入阿努瑜伽九乘次第壇城的灌頂。

❽雖然各乘別都是成就菩提的法道，圓滿證悟之佛則會隨順眾生的根器與性情而給予教導。在《集經》傳承中，弟子領受灌頂後，便進入代表九乘的九種壇城。

「後說瑜伽行。」

（後講說瑜伽行派的教導）

此句說大乘中觀宗等教導。

「方示喜金剛。」

（至此才教導喜金剛。）

此即教導金剛乘正行。上述所說即次第引導的方法。

此外，大部分灌頂儀軌於守護誓言，皆同樣有「戒律即學處」，以及「別解脫與菩提心，乃至持明密咒戒，吾當恆住悉守護」等相同意趣的教誡。

由於灌頂儀軌的廣略有所不同，領受這些灌頂戒律的行者，並沒有如沙彌、比丘等正式的毘奈耶頭銜，但他們仍然具備完整的密咒乘三律儀，這一點可透過先前所述的時輪金剛灌頂次第來理解。此外，有些人可能認為，不同宗乘傳承裡各自的壇城與灌頂，僅能按照各自的傳統來進行，不可只完全依照無上瑜伽的傳規。事實上，就乘別與續部次第來說，下乘無法包含上乘，上乘卻能夠完全隱攝下乘，這好比國王從來不受大臣的控制，但大臣總是在國王的權力掌握之下。因此，大乘無上密也同樣自然圓滿齊備了下乘之法。

不過《金剛鬘續》等新譯派的灌頂儀軌中，既有不分別各續部的「一知遍解」灌頂傳規，也有分別各續部的灌頂傳規，因此包含有不同的主張。

至於舊譯寧瑪派的九乘次第灌頂，也分為兩種灌頂傳規：

一、於一無上密大壇城之上，圓滿所有其他壇城。

二、一一開啟各續部壇城，依各續部傳規而灌頂。

無論上述何者，都是真正屬於蓮花生大士與其他持明聖眾、班智達、成就者的無垢傳承，也確實合於三瑜伽諸多續部的意趣❾，而非寧瑪派裡那些作咒士打扮、卻實有妻小之老色鬼所捏造的虛假法門，以上我只是簡單補充說明。

至於灌頂只分成四類的原因，以及四灌的必要為何，我會以所淨基、所淨、能淨、清淨之果作解說。

情器世間的眾生諸蘊與界，自本始以來即為任運自成本尊壇城且為其依處，如此的眾生蘊界為寶瓶灌頂的所淨基；作為字母依處的語、風，為祕密灌頂的所淨基；作為大樂依處的菩提心明點，為智慧灌頂的所淨基；作為本初法身依處的心性，為句義灌頂的所淨基。由此可知，因位之基，於我們自身之中任運自成且住於此四依處，故而有四灌。

接著可能納悶：「既然這些是本初以來就於我自身任運而有，為何

❾三瑜伽是瑪哈瑜伽、阿努瑜伽、阿底瑜伽。

還要領受四灌呢？」灌頂為必要的原因，在於灌頂能清淨障蔽因、種子、基的以下四種迷亂習氣，也就是四種所淨：

一、將身體、情器世間執為凡俗且堅實的迷亂習氣；

二、將語執為凡俗的迷亂習氣；

三、將意執為凡俗的迷亂習氣；

四、將三門執為相異的迷亂習氣。

能清淨這四種執著的，即為四灌。

此外，四灌的目的為：

斷除所斷四貪，亦即笑、視、執手、抱持。

證成能修四印，亦即三昧耶印、法印、羯磨印、大手印。

體驗四喜，亦即歡喜之智、勝喜之智、妙喜之智、俱生喜之智。

授予並獲得四壇城，亦即沙壇城、父母身壇城、祕密蓮壇城、自明本智壇城。

獲得授權且堪能實修四修行，亦即本尊生起次第、風脈與持誦、明點迅疾道、大印大圓解脫道等。

證悟所證四見地，亦即唯識、中觀、密咒、大印大圓等見地。

成就果四身，亦即化身、報身、法身、自性身。

自在掌握利他四事業，亦即息業、增業、懷業、誅業。

四灌的必要與內容即如上述所說，其利益實在不可思議，如《空行祕密藏續》所說：

「完滿獲得能令未成熟者成熟的諸多灌頂，如此之士若能住於三昧耶，將能證成一切暫時的悉地（成就），並獲得究竟的三身果報。」

這樣的說法在密乘各續部中多不勝數。

第二章 三昧耶

由於灌頂的命根攝集於三昧耶之中，三昧耶的次第與詳細解說即如前述的九乘次第完整灌頂，其中已涵蓋經、續二部的一切戒律與學處❶。此外，若以咒乘本身而言，三昧耶的解釋在新舊譯派則有所不同。

新譯派傳規中，如《時輪》與相關續部所說，對於四續部的根本墮訂定了確切的數目❷。如無上瑜伽部基本上有共通禁行二十五項、五方佛部三昧耶根本墮四項、支分墮八項等。

舊譯寧瑪派而言，有身、語、意三昧耶，再依外、內、密共分成根本墮二十七項、細微自利三昧耶二十一項、他利三昧耶四十四項。除上述外，還有自性見大三昧耶四項——無有、平等、唯一、元成，亦稱為祕密大圓滿的不共三昧耶。

簡言之，應當如理守護，絕不違犯新舊譯派續部論釋所說的一切三昧耶。

在此要特別解釋四灌各自的根本定、後得位、飲食、執持、守護三昧耶。獲得寶瓶灌頂之後，其根本定三昧耶是修習生起次第；後得位三昧耶是不將三門錯亂視為凡俗，且不離本尊想（本尊慢）；飲食三昧耶是受用五肉、五甘露；執持三昧耶是攜帶真實的金剛鈴杵；守護三昧耶是觀情器世間為本尊壇城、捨斷邪見，且無有違犯。

❶ 戒律、學處、三昧耶三者分別代表別解脫乘（小乘）、菩薩乘（大乘）、金剛乘的律儀。

❷ 四續部為事續、行續、瑜伽續、無上瑜伽續。

獲得祕密灌頂後，其根本定三昧耶是修習猛母火（拙火定）；後得位三昧耶是不忘失短阿字之火；飲食三昧耶是加持一切飲食為智慧甘露而享用；執持三昧耶是每日修習風和合瑜伽二十一次且無有間斷；守護三昧耶是菩提心種子無有衰損。

獲得智慧灌頂後，其根本定三昧耶是依真實或意手印（明妃）；後得位三昧耶是不離大樂覺受；飲食三昧耶以等至定而享用；執持三昧耶是衰達菩提心不外漏；守護三昧耶是捨斷對女性之邪見，因女性即為智慧之自性。

珍貴無別大樂句義灌頂，其根本定三昧耶是修習雙運超思之真實義；後得位三昧耶是不散於放逸、錯亂，不離於雙運之覺受；飲食三昧耶是於法性中享用法性；執持三昧耶是恆時於見、修之關要皆穩固不動；守護三昧耶是一切現起皆不受破立或貪著所染。

教導提到，若時時守護這些取四灌為道的三昧耶，無有一刻違犯，即能於自心相續中圓滿積累一切密咒乘之功德，將毫無疑問迅速現證四身果位，所有暫時與究竟的廣大功德，皆可不需勤作而任運生起。

對於如您這般已掌握正法寶藏的智者，要請您聆聽上述關於四灌文義的概說，好比是向觀音菩薩教導六字大明咒❸一樣。至於其他法脈傳承的賢哲等眾，又會有誰留意我這般愚人的癡話謬語呢？雖然我只是讓

---

❸ 六字大明咒為「嗡瑪尼貝美吽」。

手中的筆徒勞，然而我想，若是能讓那些身著黃色僧袍且獲准進入密乘道，雖具有傳承僧伽徒眾的假名，卻連密乘該如法修持的一句偈言都未曾放於心上之徒，從深重愚昧的睡眠中醒來，那該有多好？故而我還是寫下了此文。

第三章

分界線

您問及真正獲得灌頂的分界線為何，以及關於僅只是名義上修習第三灌頂而使佛陀正法蒙塵之輩的問題，我將以下列要點說明個人的理解。

基本上，想要進入共通珍貴佛法與不共密咒金剛乘之門，並且衷心希求證悟且具有出離心的行者，應當以毫無虛偽的虔敬心，以及決定上師即為佛的信心，承事非屬虛偽上師或邪惡騙子的具德善知識。上師也應以無視名聞利養的殊勝意樂來接受弟子，並隨順弟子的根性，引導其走上法道。

待弟子成為合適的受法法器後，上師首先應以廣或略的壇城儀軌，授予弟子寶瓶灌頂。原因主要是為了讓弟子專注於修習，能夠將視一切外內、粗細情器世間為凡俗、堅固的錯亂耽著習氣，全都得以息滅的方便法門，故而上師授予寶瓶灌頂而為弟子直指。弟子也不能只是嘴上說說，應當要按照上師的教誡，明白由蘊、界、處匯聚而成的情器世界、動靜世間的一切事物，從本初以來即是本尊壇城。這時，由於上師與教誡的恩德，使弟子暫時迷亂的遮障得到清淨，進而了悟外在器世間為無量宮、內在有情世間為本尊壇城的實際狀態。

尤其透過傳授五智灌頂，使弟子能如實認識且領悟五蘊即五佛、五大種即五佛母、五毒即五智等，都是從無始以來即本自具有，如此即是所謂的「已獲得寶瓶灌頂」。寶瓶灌頂的灌頂義皆攝集於此。

寶瓶灌頂的目的，是要清淨將內外情器世間視為凡俗堅固的一切業相。就其方便與緣起來說，灌頂步驟在諸如智慧尊降臨之時，為了破除耽著「色」為凡俗的分別念，因而為弟子繫上遮眼布；為了破除耽著「聲」為凡俗的分別念，因而演奏樂音；為了破除耽著「香」為凡俗的分別念，因而於智慧尊降臨時，以薰香與安息香等物香薰；為了破除耽著「味」為凡俗的分別念，因而盛滿盈手的加持甘露；為了破除耽著「觸」為凡俗的分別念，因而作毘盧遮那七法或金剛跏趺坐姿；為了破除耽著「意」的惑貪，因而觀修禪定所緣的光芒攝放。

此外，由阿闍黎禪定堅固所賜的加持力，能令弟子身、語、意三門的錯亂相瞬間止息，利根者因此離於遮障而現起自然俱生智；中根者因深切的虔敬與難忍的渴求而生起淨相，且如火焰般燃起覺受；鈍根者則至少必定能生起陶然欣喜的覺受。

透過這些不同的禪定與方便，使弟子相續中生起灌頂的義智慧。為了指出已生起之智慧並令其堅固，故而以灌頂封印，以確保永遠不會偏離如此的真義。

假使灌頂義已於弟子心中生起，無論世俗的灌頂物置於弟子頭頂上與否，都已獲得真正義灌頂。此外，若是領悟寶瓶灌頂之義，那麼在修持解脫道的生起次第時，便不需依賴想像造作的觀修，因為行者已從執著形、色為本尊的「耽著殊勝」中解脫。對於這樣的行者而言，一切顯有皆是廣大無邊的清淨，因此，對於自他、敵友、善惡等一切的貪瞋，皆能自然獲得解脫。

然而，只要尚未領悟灌頂義，就算壇城遍滿了整片大地，在弟子頭上擺放了幾十萬個寶瓶，想盡辦法讓弟子把寶瓶水全都喝光，弟子的相續也仍然是原先的凡俗狀態，對世間的錯亂執著沒有絲毫減損，和原本如出一轍。

倘若相續中尚未生起寶瓶灌頂真義，便無法成為更高灌頂的受法法器，也無法了悟更為高深的灌頂。在還沒種下能令成熟的灌頂種子之前，豈能長出解脫之道的枝葉與果實？這不僅只是師徒雙方徒勞無功，更糟的是，還會結下違犯密咒乘祕密宣說的墮罪懲罰之緣。

相反地，若師徒齊備能盛之法器，與所盛之甘露的吉祥徵兆，寶瓶灌頂將使弟子之身成熟，清淨其蘊脈界，並以五毒現為五智之力，成為堪受祕密灌頂的法器。

而後透過佛父母的身壇城，於弟子舌上放置祕密灌頂物，為弟子指出灌頂義，淨化「語」的凡俗錯亂耽著，從而領悟本初以來語金剛即為任運自成，了知一切音聲皆為咒鬘，能自在掌握咒語念誦、攝放、金剛念誦與默誦，對拙火燃滴、明點融化、緩降、匯聚、逆行、引導等獲得嫻熟，成為堪受智慧灌頂的法器。

接著藉由真實或意手印，弟子因此生起四喜並獲得覺受，依此而為其直指樂空俱生智。弟子藉由如是指引，將能了悟到諸如苦與樂、冷與熱、柔軟與粗糙、悅意與非悅意、貪愛與瞋忿等其他的所有分別念，皆與俱生智悉為一味。弟子心續中如實生起第三灌頂義之際，將能體悟自心實際為意金剛之自性，於是成為堪受句義灌頂的法器。

之後，上師為弟子如理直指，所謂的「一切灌頂之王」「大樂灌頂」或「珍寶句義灌頂」，也正是所有大圓滿教義中所說的「覺性妙力灌頂」，弟子因此認出：一切輪涅諸法皆與四身無別，悉為自明、平常、無改造整治、任運、廣大遍在的智慧金剛，並對此獲得決斷。簡言之，弟子無需勤作即能現前體悟：無論基道果、見修行等所有八萬四千法門的赤裸要義，都完整匯聚於此刻的平常心之中，因而超越希懼、二執、破立之境，掌握關要所在，了悟一切顯現皆為智慧遊舞。

因此應當懂得，這種傳授四灌與獲得四灌的正確方式是有其必要的。舊譯寧瑪派大圓滿的教導也說，要以間隔數月或數年的方式，一一傳授四灌並實修灌頂義。如此一來，於四灌圓滿之際，弟子也同時獲得悉地成就。

然而，現今❶許多新、舊譯派的追隨者，為了求取飲食，將種種密咒法門作為商品。雖然生圓次第、成熟解脫的關鍵要點確實進入了他們耳裡，但他們並不實際修行，以為只要學過密法的文本名相與儀軌細節就足夠了。他們還同時競爭誰的聲音悅耳、誰的樂音與樂器更為動聽；這些人前往任何能夠到達的施主家中，目的只為了尋求為自己宰殺

❶ 策列那措讓卓的時代為西元十七世紀。

的肉食與酒飲等供養，在那裡渾沌度日。

有些和我一樣負有「喇嘛」（上師）名號之徒，甚至連皈依的真正意義都沒有放在心上，只是佯裝出凡夫所敬仰的外表與虛偽的舉止，像老鼠一樣偷偷摸摸。心裡一邊想著錢財，一邊傳法、灌頂、講解、授戒、開光、超薦亡者等，簡言之，這些人不具備絲毫擔任金剛阿闍梨的能力，只是為了謀得己利，憑著假造臆測與膽量，毫無顧忌地胡作非為。由此得來的微薄飲食財物，全都成了不善的有漏業，就這樣耗盡了人生，替自己與身邊的徒眾，還有任何相關的人士都帶來災難。還有些喇嘛，甚至連持誦六字大明咒一圈念珠數的功德與能力都不具備，認為自己是某聖賢大士的轉世化身，或具有殊勝的血脈傳承，因此只要懂得如何握著金剛鈴杵就夠了，他們宣稱「凡結緣者必能獲得利益」。如此的行為好比往昔傳聞中，許多人為了賣出驢肉而展示鹿尾巴，或是將沒有乳汁的母牛繫上牛鈴來做兜售等。

相反地，印度的阿羅漢、班智達與成就者，他們只會以因果、四梵住（四念處）、緣起順逆❷、布施譚（講說關於布施的福德）等法教，滿足世俗居士的願望。像我們這般傳授灌頂的做法，根本沒有任何根據。

於現今（十七世紀）的西藏康區、工布等地，某些喇嘛宣稱自己要

❷ 十二緣起的順生與還逆，代表當無明引發二元心識等，輪迴遂即開始。若逆觀十二緣起，則能成就解脫。

鼓勵善行、利益眾生，於是為了只是恰巧遇見、連大字都認不得一個的凡夫傳授灌頂，或是舉行公開的大眾灌頂，耍著擊鼓、吹奏海螺、舞蹈的多種把戲，忙著世俗與政治的紛擾瑣事，依靠各種方法與矇騙手段聚集徒眾。他們把灌頂、傳法當作貨物販賣，為了獲得供養、衣物、飲食、財物而汲汲營營，這種情形相當常見，更不用提這些凡夫是否堪為灌頂的法器，或能否思考灌頂的義智慧了。許多人參加灌頂只是為了湊個熱鬧和與人同樂；有些人半信半疑，還有些人對佛法略有經驗而心懷傲慢，他們參與灌頂的原因是為了遣除病魔，或是補救不祥的惡兆、卦象和流年運勢❸。

在這樣的情況下，上師無論是否解說了灌頂，參與者都陷入聞法法器的三過、六染❹的過患之中，對灌頂義毫不了解。他們以為，只是用灌頂物碰觸頭頂，「那就是灌頂了」。於灌頂的行列中排隊時，心想「上師介紹的大概就是這個」，連一個字都不懂，就這樣一片空白地回去，如此的灌頂也越來越常見。還有些人聲稱「這些給一般大眾的公開

---

❸這是漢藏與占星術週期有關的傳統信仰。此週期為十二年，並以十二種不同的動物生肖命名。每當與出生年份對應的動物生肖重新出現時，一般認為是不吉的徵兆，因此每十二年稱為「本命年」。

❹領受法教時，應當避免三種過失、六種垢染、五種不持。詳見確吉．尼瑪仁波切所著《大手印大圓滿雙運》（*The Union of Mahamudra and Dzogchen*）。三種過失：耳根不專注、心不專注、沾染煩惱三毒；六種垢染：傲慢、不起信心、沒有希求心、外散、內收、厭倦；五種不持：持文不持義、持義不持文、上下錯謬而持、顛倒而持、不能領會而持。

灌頂，並不是完整的密咒四灌，只是授明或隨許灌頂等[5]，因此沒有過失」。實際上，即使只是授明灌頂，領受後自身即是本尊，仍必須行持「念修」[6]的三昧耶。不僅如此，儀式中大家必須重複念誦守護皈依、發心、五方佛部的誓戒，但普通大眾不可能懂得這些取捨、修行的詞彙打從何來，而我自己與他人都參與了許多這類的儀式[7]。更甚者，若是像佛經所說，以販賣正法營生者，將投生地獄，以熱鐵澆身、吞鐵丸、喝鐵汁，那麼現今的佛教徒可說是膽大無比。

其他行者則主張師徒關係應當比前者要更為緊密。如灌頂時，新譯派主張灌頂的所有儀式次第都必須遵循大論典的解釋，因此相當重視「自入壇城」之類的次第[8]；舊譯派則主張加持來自於咒語，所以傳統上強調念誦持咒。

就個人的愚見而言，我認為應當彙集上述的道理並以其作為基礎。尤其最為重要的，是要結合上師的加持與弟子的虔心，以此力量才能領受加持並認出上師直指的灌頂義。一旦獲得此等加持，是否領受暫時的物質灌頂也就無關緊要了。舉例而言，帝洛巴尊者曾為那若巴展示一塊燃燒殆盡的棉布與十二種象徵物，即令其現前了悟四灌的灌頂義。

---

❺授明或隨許灌頂是極略版的灌頂。

❻念修四支：念修、近修、修持、大修。

❼此過失在於，將領受者無法持守的灌頂給予對方。

❽所謂的「自入壇城」，若就上師來說，是在授予弟子灌頂之前的前行準備；在其他狀況下，則是為自己授予灌頂以重獲加持，因此也稱為「道灌頂」。

又如別名「日月成就」（藏 Nyida Ngodrub）的密智空行母（梵 Guhya Jnana，藏 Sangwa Yeshe，藏音譯「桑瓦益西」），在《斷法》傳承中的名號為「大樂成就」（梵 Sukhasiddhi，音譯「蘇卡悉地」），寧瑪派則稱她為「事業自在空行母」（藏 Leykyi Wangmo）。

密智空行母為蓮花生大士傳授灌頂時，將蓮師化為一個「吽」字，隨後將其吞下，使其通過身體後，再從密蓮處排出，蓮師因此圓滿領受四灌，獲得大手印殊勝成就。

在蓮師即將離開西藏、動身前往西南洲之前，他在桑耶嘿波山為國王與四位弟子傳授《貝瑪寧體》。他在頃刻間將該地化為極樂淨土，並藉由攝放光芒使這些弟子的心續成熟。

此外，又如梅紀巴尊者一路不計個人生死，埋頭苦尋，最後終於得見大成就者夏瓦利巴。夏瓦利巴僅將手置於其頭頂，梅紀巴尊者便成就解脫。

至於成就者瓊波．南究（藏 Khyungpo Naljor），在尼古瑪空行母以甘露盛滿顱器❾並指向他心間的同時，遂即現前了悟灌頂義。

成就者鄔金巴，則在化現為妓女相的金剛瑜伽母遞給他一碗湯時，悟得灌頂義。

此外，伏藏師咕汝確旺將大香（糞便）置於尼泊爾人巴如則真的頭

❾ 這大概是指將尿液倒入顱器，好讓他喝下。

上、將小香（尿液）倒進他的口中，巴如則真因此長達七日都住於無漏俱生智之中，並獲致解脫[10]。

博學成就者覺頓巴索南喇嘛，把瑪吉拉準從灌頂法會裡趕出去，不僅打了她一頓，還把她扔進河裡。瑪吉拉準因此現證灌頂義，且能穿牆而來去無礙。

希解（能息）派傳承的當巴拱孟尊者，給了曲巴達尊一杯茶與一袋糌粑，說：「以這些代替灌頂。」由此加持了曲巴達尊，令其獲得與上師同等的證悟。

類似的故事可說是不勝枚舉，因此灌頂的根本是要領受加持，令智慧於心續中顯現，這才是最為重要的。至於續典中提到的場所是否標準、師徒是否具德、弟子總數是否固定等這類相關的內容，現在沒必要多加著墨。在這個時代，灌頂義、實修方法、三昧耶誓言的要點全都被拋到書本後頭，所有師徒任憑各自喜好，以為用自己最為舒適的方式行事即可，我們倆對於灌頂的這些討論，只會引起別人心中的憂惱。總而言之，〔灌頂的〕目的是指：

藉由獲得寶瓶灌頂，令蘊界因成熟為本尊，正確認識生起次第的符號與意義且予以實修，而種下化身之種子。

藉由獲得祕密灌頂，了悟風息的出、入、住即為咒語，將其付諸實

---

⑩ 詳細內容參見敦珠法王所著《寧瑪佛教史》（*The Nyingma School of Tibetan Buddhism*，中譯本：索達吉堪布《藏密佛教史》）第六品〈近傳伏藏史〉。

修而種下報身之種子。

藉由獲得智慧灌頂，使心的種種感受、念頭顯現為法性，透過守護俱生智而種下法身之種子。

藉由獲得句義灌頂，故而對輪涅平等獲得決定，於雙運離思之境無有動搖，並如河川流水般，無有間斷地守護修行。

由此，利根者將於當生成就無別體性身的果位，中根者則於中陰等時刻成就，此後透過誓願與大悲的化身，無勤任運地廣大饒益量等虛空的有情眾生。

第四章

不共要點

接著要特別補充第三灌頂的要點。您詢問與第三灌頂相關的「智慧方便雙運」「顯空雙運」等經教涵義，也問到既然離戲的心性，是本初任運自成的金剛亥母之般若波羅蜜多，是否還需要仰賴暫時的二合大樂。

基本上，四灌的「因」或「種子」，即是以四金剛的體性住於心續中，因此薩迦派的三道果也是依此為灌頂做分類。雖然這樣的「因」或「基」存在於自身之中，卻仍受俱生的無明障所遮蔽，無法自觀本來面目。因此上師藉由成熟灌頂與解脫指引二者為我們直指，令自然智本自顯明。

關於授予或獲得第三灌頂的方法，密咒乘的灌頂論典大多主張，欲界眾生一切煩惱當中最為深重的即是貪愛，若不將此方便轉為道用，貪愛便會成為輪迴的根本。雖然聲聞乘等諸乘，主要教導「以斷為道」❶的方法，不過就利根的密咒乘行者來說，有如此一譬喻：

「火燒傷灼痛，以火炙緩解。
積水耳中滯，更應水濯除。」

（火造成的燒傷，應當更以火炙緩解。正如積滯耳中的水，要以更多的水去除。）

---

❶以斷為道，是指強調出離心、知足，並透過思惟無常、輪迴顯有的過患而生起厭離，因此捨斷未來投生輪迴之因。

還說到：

「貪當以貪淨。」

（貪愛本身應以貪愛清淨之。）

貪愛道的甚深教誡，源自於續部典籍與新舊譯派的竅訣，為了饒益適宜修持此道的法器弟子與具備福緣者，故而詳說第三灌的灌頂方法。

凡是希求入於貪愛道的不共行者，首先應當依止真正通達此道的上師，以寶瓶灌頂使身徹底清淨，之後以祕密灌頂如理實修，直到出現掌握氣、脈、明點三種力量的徵象，獲得真實決定。在自身功德達到究竟後，繼而請求智慧灌頂。接著則要認出上降下固的四喜，並自在掌握俱生智，如此一來，將易於領受句義珍寶灌頂。

至於此時應如何認出喻智慧與義智慧，那若巴與梅紀巴兩位尊者有不同的見解，藏地薩迦與噶舉二派，對於孰是孰非也有各自的抉擇方式。接下來說明我的想法。

以第三灌的「等至人樂智慧」為例，意思是必須領會一切覺受與俱生智同為一味。要是無法了悟這一點，即使樂受現起為俱生智，苦受與病痛仍然無法以俱生智顯現。若不能如此顯現，也就無法認出一切念頭即是法性，便失去了第三灌頂的意義。如果無法顯現第三灌頂的自性，又怎麼獲得第四灌頂呢？因此一切所現所顯，都必須成熟為俱生智，此刻，行者便不必完全依賴「顯相為佛父，空性為佛母」等詞句所說「等至所生大樂」的修行。應當明白，好比祥仁波切的故事，在其方便道的修證達致圓滿之際，無論是腳被一根荊棘刺入，或是頭頂撞到洞穴頂端，一切覺受皆現為樂空俱生智。這正是那若巴所經歷的十二苦行當中，帝洛巴以石頭敲擊他祕密金剛杵（男根）的意義所在。

一位真正修持貪愛道的行者，想當然必須掌握菩提心的匯聚、逆行、引導，對於能掌握風力的行者來說，要辦到這一點較為容易，困難的則是必須了悟貪愛為妙觀察智。若不具備如此能力，別說無法成為貪愛道的行者，反倒鑄下顯密二乘的根本墮罪之因。當今時代，正如您所說，許多粗鄙之士的所作所為不僅與顯密二乘相違，也與世俗規範牴觸，勢必危害釋迦牟尼佛的法教。

尤其，我聽說有些人擁有些許掌握風力的能力後，遂在眾人面前公開展示「前箸」「後箸」「飲水金剛」等❷。這些人不僅是把自己、上師和法教全都扔進河裡，也使「密咒」之名如塵土般粉碎一地。

此外，若心續能如理抉擇第三灌頂的修行，便可淨化菩提心所流注的三十二脈而成就佛陀的三十二相、淨化八十種自性分別（性妄分別念）而成就八十種隨形好、將密金剛隱沒收回鞘中而成就頂髻（ushnika）❸、淨化血肉色身而成就虹身。新舊譯派的經教與引導皆

---

❷意指公開展示祕密的瑜伽修行。

❸頂髻是佛陀頭頂隆起的肉髻，在所有大人相與隨形好中，顯現頂髻所需的福德為最多。金剛乘的不共法道，是透過圓滿金剛深壇城而清淨遮障，展現證悟功德。

詳述了具備「和合七支」佛身成就的修行法門[4]。諸如帝洛巴、那若巴、毘瓦巴等大多數成就者，一開始都是持守戒律的大班智達，後經由此〔貪愛〕道而成就。大婆羅門薩惹哈原本是五百班智達的親教師，後來納受一位箭工之女作為明妃，他如此宣說：「吾人過去非比丘，於焉乃為真比丘。」寧瑪派中，蓮師（蓮花生大士）為所有大持明成就者教導此甚深道，由此而獲得虹身金剛佛身者不勝枚數。

當今的五濁惡世後期，有些人自詡為持戒者，雖然看似精勤守護細微的戒律學處，對於重要根本戒律的取捨卻只是一知半解，似懂非懂地修行。而那些妄稱為密咒道行者之輩，行為舉止反而比世間凡夫還要粗鄙百倍，只是成天打混度日。真正如理修持經乘、咒乘，或是二乘雙運的行者，就像優曇鉢花❺一樣罕有。汲汲營營於五邪命且披著虛假佛教徒外相的佛法油子，則多如開啟蟻穴後湧出的蟻群。見到此情景，我心中的稚童無計可施，唯有在憂傷的床上入眠。

---

❹ 和合七支為報身佛的七種功德：受報圓滿支、和合支、大樂支、無自性支、悲憫圓滿支、相續不斷支、無滅支。

❺ 優曇鉢花只有在轉輪聖王或佛陀出世時，才會顯現並綻放。

第五章

樂空

您問到：「密咒乘的第三灌頂，是否只能依靠俱生融化大樂來給予，而無其他灌頂方法？」

我的答覆是並非如此。密咒乘具有甚深方便、眾多方便、迅捷方便與廣大方便，因此第三灌頂的「表方便」（或稱「符號方便」）種類繁多。像是新譯派的許多灌頂法本，都使用硃砂鏡的壇城❶，寧瑪派也同樣運用許多不同的方便。關於俱生融化大樂的表方便，可以藉由如業印（總持母）身相的畫卡、鈴、法生等而授予灌頂；或是運用勝義菩提心壇城，以水晶與鏡子等灌頂物直指明空，而不必依靠樂空的世俗菩提心。由此可見，有許多方法能夠直接實際指出覺空雙運之智。

若再細分而言，像是並列美與醜的色法（事物），令弟子詳細探察後，為其指出無二性；或是分別讓身體感受悅耳與不悅耳的音聲、燃香與腐肉的氣味、蔗糖與膽汁的味道、讓身體分別接觸絹帛與毛料織片的觸感等，如此的直指方法廣不勝數。

尤其大部分的灌頂典籍都提到，凡是上部灌頂皆不需要有相的灌頂物。有些灌頂法僅使用朵瑪就能圓滿傳授四灌，還有更多超乎想像的其他方式。究竟上來說，正如我先前一再重複的，灌頂的重點在於能夠領受加持而令智慧顯現。無論傳授灌頂的方法為何，第三灌的目的都是要淨化「意」的遮障，使妄念現為法性，種下法身的種子。正如《能息續》

❶ 硃砂是常見於印度、尼泊爾已婚婦女額間的深紅色粉末。

所說：

「超離言詮俱生智，集資淨障所留跡，
具慧上師加持生，欲循他法唯癡人。」

（離於言詮之俱生智，乃是由聚集資糧、清淨罪障而成就的勳績，唯有從具足了悟智慧的上師加持中而生，若是依循其他方法，就成了愚人，不可不知啊！）

現今，大部分教示成熟解脫道的師長，其生活方式就如第八世噶瑪巴所說：

「誤解山間僻靜處所義，雖修甘露施食②義不明，

惟以朵瑪[3]黑天獻供養，自詡金剛法教持有者，

如此之士實為瘋人矣。只是口裡念著嘛尼咒，

卻不如理修習四密續，如何誦咒利益仍微小。」

（對於山間蘭若僻靜處的含義不能正確了解，雖然能步驟無誤地修行甘露施食的法門，也不懂修行法門的意義。只是以朵瑪供養大黑天本尊，便妄稱自己是金剛法教持有者而心生自滿，像這樣的人實在等同瘋子。

---

❷ 原文 Surūpā，「妙色」之義，應為修持妙色陀羅尼，亦即甘露施食咒的法門出處。參見《佛說妙色陀羅尼經》（《大正新脩大藏經》第二十一冊，No. 1386）。

❸ 換句話說，倘若僅僅懂得儀軌，並不能成為真正的金剛乘修行人。

他們口中念著六字大明咒，卻沒有正確如理地修行四部密續，不管怎樣持誦咒語，也只能獲得微薄的利益。）

他接著提到：

「唯將麵團置於他人頂，口呼『願得身、語、意加持』，妄稱灌頂之輩今甚多。」

（只是把麵團置於別人的頭頂上，嘴裡一邊喊著『祈願能獲得身、語、意的加持』，就妄稱這就是灌頂，像這樣的人如今為數眾多。）

除此之外，行為隨心所欲卻稱之為「禁行」，追求財物卻稱之為「利生」，享受飲食卻稱之為「薈供」。如同成就者鄔金巴所說：

「生圓要義皆未有，群眾飲酒食肉樂，餓鬼種子豈難成？」

（不具備生起次第與圓滿次第的要義精華，與眾人一同飲酒、食肉為樂。像這樣的作為，要種下投生餓鬼道的種子又有什麼困難呢？）

這般的修行人，就如蓮師《祕密授記》所說：

「戒律教法衰微相，邪行比丘偽咒行，

三衣失度謬風潮，肉味酒饌非時食，

座次錯亂好染飾❹，無誓僧伽配刀劍，
長老堪布為將領，釋迦正法湖底漏。」
（戒律教導衰微的明顯標誌，是失戒的比丘喬裝成修行密咒法門，三法衣的度量錯謬，流行各自隨心所欲地加以改造。吃肉飲酒，背地飲食，於日中之後不合戒律的時間進食。僧眾入席的座次錯亂，喜好衣物染色與配飾，失戒的僧人配戴刀槍武器作為裝飾。長老、堪布像是戰場上的將領。釋迦牟尼佛的教法如湖水乾涸一樣，消失無蹤。）

又說道：

「外持僧相稱咒士，外內兼求實二無，
違戒毀壞三昧耶，內斷禪修外行鄙。
白面黑心雙重行，虛詐法行欺眾生，
邪曲營生害自他，密咒成蠱市井行。
雖無受灌教續典，灌頂無據應眾許，
他心無熟己命危，得成就者今難尋。」

❹ 座次代表僧侶依據戒臘長短，排列入座的次序。

（披著持別解脱界的僧人外相又自稱為密咒士，自以為將二者合而為一，實際上兩者都缺乏。

不僅失壞戒律，也違犯三昧耶，他們於內捨棄禪修，於外則行為粗鄙不堪。

一邊嘴上說著善法，一邊內心行使惡法，他們以虛偽的教學與戒律欺騙眾生。

以邪曲謀生給自己和他人帶來災難，他們讓密咒成為苯教的咒語，在市井大眾面前展示修行。

自己未獲得灌頂，卻闡述密宗經典，並隨意對任何群眾授予不加區分的灌頂。肯定無法使他人成熟，還會危及自己的生命。

在這樣的時代，能夠獲得成就之人是多麼稀有！）

蓮師更提到：

「風脈菩提心無成，授灌空行護法忿，惡兆障礙無窮盡。

自詡法教貴如金，違犯佛語毀三昧，販售佛言當罪墮。」

（未能掌握風脈和菩提心要義，然而偽裝授予四灌，實則觸怒空行母和護法，將帶來惡兆和無數障礙。

聲稱自己的法教如同珍貴的黃金，販售無價的佛陀教言且加以曲解，違逆佛陀的法教與自己的三昧耶，如此之人將即刻受到罪罰。）

像這樣的無數預言確實都已應驗。國土上遍滿了自稱要利益法教與眾生，但其所作所為卻毫無建樹之徒。老實說出這些情況，也只是累積惡言，引發邪見而已，這必定是我自己清淨觀無法周遍一切的過錯。

第六章 解脫指引

在略講四灌並補充第三灌之後，現在要講說能令解脫的指引心要——空性甚深義，以答覆您的提問。

一開始您問到，無論是外在層面之外器世間須彌山、屋舍等，或是內在層面之內情眾生各種不同形態，與自身肉體的生滅、種種遷變差別，抑或祕密層面之三毒、五毒等，該如何決斷這一切變化念頭中的分別妄念，都不離於心性的幻化？

總歸而言，由於眾生各有差別，自業所感得的顯相也相異。舉例來說，同樣的水，天道眾生視之為甘露，阿修羅道眾生視之為武器，人道眾生視之為水，畜生道眾生視之為某種飲食或住所，餓鬼道眾生視之為膿與血，地獄道眾生視之為熾融的鐵汁，這些都是各自心的自現。

細分來說，外在境相隨著眾生各自根器高低而有所不同。世間凡夫認為境相是堅實的，因而執著實有；外道執實有者，堅持一切都是由造物主或全能者所創造的；佛教的聲聞與緣覺行者主張境相是由物質粒子（有分微塵）所構成的；大乘唯識宗主張一切境相都是心，且此心為自明、諦實有；中觀宗主張一切境皆為世俗幻相；密咒乘行者將一切境相都視為本尊的壇城。因此，各乘都有自宗個別的不同主張。儘管這些立場對他們來說為真實，但勝義上，任何有別於心而獨自（他方）成立的事物，即使小如微塵也全都不存在。《無垢藏續》說到：

「內外一切種，俱生心性矣。

三界與六道，眾生情世間，

能取所取蘊，根境各別五，

識與五煩惱，悉為心自現。」

（所有的外內大種都是俱生之心性。內在的三界、六道，內情世間的有情眾生，能取、所取的五蘊、五根、五境，以及心識、五煩惱等，一切都是心的自現。除了心之外，連一粒微塵都沒有剎那間的存在。）

續中還提到：

「無明輪迴唯自心，執實常斷亦是心。

聲聞緣覺捨輪迴，菩薩道中令清淨。

密咒轉化能了知，一切各乘悉為心，
無有他法非為心。譬如海水一瓢取，
功用相同亦能成。諸乘次第一切法，
各各隨順為諦實❶，自方所現皆唯心。」

〔無明與輪迴都是自心，執著實有者的常見與斷見也是自心。

聲聞和緣覺行者捨斷輪迴，菩薩道行者清淨自心，密咒乘行者轉化自心並了知，所有各式各樣的法乘都是自心，不存在任何有別於心的其他諸法。好比從海洋中取出一勺水，仍然與大海有同樣

❶ 祖古・烏金仁波切解釋：「就像從大海舀出的一匙水，永遠都會是水，佛陀法教無論從聲聞乘到大圓滿都是真實不虛的。如此的真諦，乃為自心各各自證。」

的作用。個別法乘次第的所有法，乃是契合各自（根器）的真諦，於各自面前顯現的，皆是由心所現。」

一切所顯不離於心。

第七章

輪迴與涅槃——分別與無分別

您還問到：「是否可說輪迴是由分別念或妄念所生、涅槃是由無分別而生？」我將說明一般共通教導的佛典解釋。陳那於《文殊金剛讚》說：

「妄念大無明，能墮輪迴海。
離彼分別念，恆能離憂苦❶。」

（分別妄念為大無明，能令墮入輪迴大海。
若能離於這樣的分別妄念，必能恆常離於憂苦而得涅槃。）

甚深道大手印與大圓滿教導提到，如具備轉妄念為道的竅訣要點，那麼法身或自生智即是認出妄念本來面目之時，如此「認出」的自性。

因此，無需刻意捨棄分別念，也不需刻意追求無分別的境地。經典中說：

「修無分別治妄念，無分別乃大妄念。
有無分別言語際，法界超離彼二境。」

（若想要透過禪修無分別來對治分別妄念，這樣的無分別本身即是巨大的妄念。所謂「無分別」或「有分別」，只是文詞的侷限概念，法界則超越了此二者。）

❶「離憂」即代表涅槃。

《正相合續》（*Samputa Tantra*）說：

「空性莫當修，且不修非空，

不捨空性者，亦不棄非空，

執著空非空，妄念湧流現。」

（不應禪修空性，也不應禪修非空。

不捨棄空性的瑜伽者，也不會捨棄非空。

若執著於空和非空，將因此湧現無數的妄念。）

經常可見到此種說法：「壓抑妄念者，非大修行人。」對一切分別念與無分別念皆不加以破立，而是要視其為要點而轉為道用。

您還提到，對於善法、惡法等念頭是否皆為輪迴之因感到疑惑。我的回答是，一般而言，如淨相、虔敬、慈悲等，白（善）法分別念或念頭皆屬於善心，是順福分或順解脫分之因❷；至於五毒或三毒等黑（惡）法念頭是不善心，所以是輪迴與惡趣之因。

這正是一般法教所教的因果法則。龍樹菩薩說：

「貪瞋癡及彼，所生業不善；
無貪瞋癡等，所生業是善。①」

❷「順福分或順解脫分」代表善行，由此而能確保投生輪迴中的善趣。若是結合出離心，並且了悟無我，則能解脫一切輪迴。

①此漢譯引自《中觀寶鬘論頌》仁光法師譯作。

（貪、瞋、癡及其所生的業，皆是不善法；無貪、無瞋、無癡及其所生的業，則都是善法。）

於此不必多加說明。然而，縱使是看似良善的行為，如果摻雜了不善的動機，便不能算是善；相反地，表面上看似不善的行為，若完全出自良善的動機，也不會有過失。過去薩迦派和直貢派的一些大德，對於這方面要如何區分、抉擇破立有不同的見解。而如今，能夠如理取捨的人已相當罕有。另外還有些例子提到，即使行為和動機都假名為良善，其實還是成為了惡行，好比為了利益亡者，故而宰殺動物並宴請出家僧侶與在家居士以作供養，或在殺生後舉辦儀式或誦經，這些習俗如今無處不見。那樣的行為不僅對亡者沒有絲毫幫助，也會讓施者與受者落入可怖的境地，但似乎沒人為此擔心。因此，要討論因果實在相當困難。

瑜伽士聖眾雖已了悟因果唯心、心為空，由於他們領悟了空性顯現為因果，所以不會藐視業力因果，而是以如幻的方式行事，不受耽著實執所束縛。若是了知這一點，連積累福德資糧也會成為廣大的智慧資糧。《無熱惱龍王經》（梵 Manarasowar Sutra）說：

「雖知法性無異熟，淨不淨業無失壞。」

（儘管明白法性之中無果報，善與不善業仍永遠不會衰損。）

此處要強調的是，不能歸因於空性而蔑視因果。從事白法善行時，不應摻雜對人天善果的期望，或是對名利的希求。

相反地，行者應該於一切如幻的境中行善。《幻士仁賢受決經》（*Sutra Foretelling Goodness*）說：

「如幻集資糧，得成如幻佛，

如幻眾生利，當如幻化行。[2]」

（藉由累積如幻的資糧，而幻化般成佛。

對於如幻的眾生利益，應當以如幻的方式而為。）

簡言之，未以智慧資糧或般若空性攝持的善行，也只會成為「增上生」（投生人天善趣）或聲聞、緣覺之因，無法成為「決定勝」或菩提之因，又何況是惡行呢？因此，務必將方便與智慧融合為一。

② 經題與經文依作者藏文本而譯。亦可參見漢文大藏經《佛說幻士仁賢經》：「一切人民及其所有皆如幻化，諸坐比丘亦如幻化，如我之身亦是慧幻，此三千大千世界則復為化，因緣罪福一切諸法亦如幻化，皆由因緣各在合會。」（《大正新脩大藏經》第十二冊，No. 324）

第八章

止觀

您還問到：就「定」或「無分別」來說，止觀二者是否都是涅槃之因？

我的答覆是：一般來說，心的靜定或無分別通常是寂止，但勝觀並非只有依靠定。然而，如果您問的並非一般共通乘的止觀，而是了義大手印的教導，我雖然只接受過共通乘中觀見地的教誡，現在也將依據不共大手印的傳規答覆您。

在不共大手印中，止觀也分為共與不共二者。首先就共通教導而言，無論乘別高低，大多都提到了「止觀」之名。有些教導稱寂止為「靜慮」（梵 dhyana，藏 samten），勝觀為「般若」（梵 prajna，藏 sherab）；此二者的性相，即如《寶雲經》所說：

「奢摩他者，謂心一境性。毘鉢舍那者，謂正觀察。①」

（所謂「寂止」，是指一心專注於所緣境；所謂「勝觀」，則是正確觀察法義。）

止觀的作用，《寶雲經》則說：

「由靜慮故，降伏煩惱；由般若故，斷諸隨眠。②」

（由於靜慮而能降伏煩惱；由於智慧而能斷盡種種隨眠。）

---

① 引自《菩提道次第廣論》第十四卷，或參見《大乘寶雲經》第五卷：「毘婆舍那者如實法觀、奢摩他者一心寂默。」

② 引自《菩提道次第廣論》第十四卷。

故二者皆是涅槃之因。差別有二，《解深密經》③提到：

「奢摩他與毘缽舍那有二，依慧生、依教誡生。

依慧生者，於十二分教字句思惟作意是為奢摩他；

解悟其義是為毘缽舍那。

依他人教誡而生者，以定令心不動搖是為奢摩他；

解悟其義是為毘缽舍那。」

（止觀分為兩種：依慧而得、依他人教誡而得。

依慧而得止觀的方式當中，如果思惟作意十二分教，即是寂止；如果了悟其意義，則是勝觀。

依他人教誡而得止觀的方式當中，如果透過禪定，使心不動搖，即是寂止；如果能通達其義，則是勝觀。）

當今對此多使用「觀察修」與「安住修」這兩種廣為人知的稱呼。簡言之，雖然外道也修習共通的寂止禪定，但無法成為解脫道之因。舉例來說，外道導師勝行（藏音「拉偘」）以十二年的時間修習寂止，因此獲得有漏功德與神通，但因為對老鼠生起瞋心，於是轉生為貓並且墮入地獄。如《三摩地王經》所說：

③本段落依作者藏文本漢譯。與漢文大藏經《解深密經》內文意旨相符，文句略有差異。

「世間凡夫雖修空，不能依此破執實，
復因煩惱起紛亂，勝行修定即同彼。」

（世間凡夫雖然也修習空性，但無法以此力量來遮止對實有的執著。

之後又會因生起煩惱而為其所擾，就像是外道導師勝行所禪修的三昧。）

因此教導說，必須修習出世間奢摩他或殊勝奢摩他❶。

此外，包含色界四禪、無色界四無色定、聲聞滅盡定的「九次第定」是寂止的支分，因此也會得到無數神通、神變等各種暫時的功德，但若未以勝觀攝持，也無法幫助成就究竟菩提道，因此勝觀甚為重要。如聖天論師所說：

「縱以靜慮林中火，煩惱稠林復復焚，
未斷堅固我見根，信解雨潤故當生。」
（即使以靜慮的野火再再焚燒煩惱的稠林，仍無法斬斷堅固的我見樹根，因此應當殷切生起有如雨水潤澤的信解。）

此外，有許多新譯派的智者，主張舊譯寧瑪大圓滿與漢地和尚的見

---

❶ 出世間奢摩他或殊勝奢摩他，乃由勝觀所攝的無散亂，也稱為「令如來所喜之奢摩他」（藏 de bzhin gshegs dgyes zhi gnas），這是契入空性的勝觀所攝之初地奢摩他。關鍵的修行重點請參閱作者著作《大手印之燈》（*Lamp of Mahamudra*，香巴拉出版社。譯按：中譯版由靈鷲山般若文教基金會出版社發行）

地一致，而有諸多批評。但就大圓滿的歷史來說，往昔法王赤松德贊的寺院總管娘奔丁津桑波，領受漢地和尚的禪修指導後精勤修習，而能多日無須飲食，全然沉浸寂止之中並生起神通，因此自滿於自己的勝妙禪修。此時，他見到大班智達無垢友，向其詢問禪修的目的為何，無垢友答道：「像你這樣的禪修，會轉生為經劫都不能從睡眠中醒來的龍族，不是成佛之因。」娘奔丁津桑波於是從習氣中清醒，請大班智達為自己傳授大圓滿教法，並如是修習，最後成就了虹光身，歷史上可見到許多類似的例子。由此可知，寂止只是勝觀的所依基礎，單單只有止的靜慮，不能算是大手印的修習。尤其，如果對止的覺受生起耽著，便是落入了禪修的歧途——無論是新舊譯派的講解文本，全都一致地如此宣說。

再者，就止觀二者自本初以來的實際狀況、存在狀態和實相來說，都是體性無二雙運。指導利根者時，無須對止觀加以分別，僅只是如實直指本來的真實情況，單純如此修持。除了止觀二者之外，就連對一切顯有、輪涅諸法，全都體驗為覺空大手印的遊舞，因而如是了悟一切萬法的自性。

對於中根者，則要考慮引導的方法。首先就寂止而言，有相寂止可分別為「不淨所緣」：如木棍與石頭等；以及「清淨所緣」：像是依靠智慧本尊、種子字、明點、氣脈修持等令心安止的方法。至於無相寂止，引導文本則主張分為鬆、緊、鬆緊交替等方式。這些類似於學習文字時，從嘎（Ka）、喀（Kha）④開始，並依次逐步學習的方法。

然而在密咒道上，若要讓相續中生起真正的禪定，重點是要領受上師的加持，這一點至關重要。如續典中提到：

「俱生非由他言說，他處尋亦無可得，唯依上師應時巧，兼以福德方能知。」

（他人無法解說的俱生，無論如何都無法獲得，需要根據上師適時的善巧方便，以及自身的福德方能了悟。）

覺巴仁波切（三世怙主吉天頌恭）說：

「密咒加持道，若無師加持，所作皆心造。」

（密咒乘乃加持之道，如果沒有上師的加持，無論做什麼都只是心的造作。）

尤其在教導大手印的無相止觀正行時，當代有些大手印修行者，主張要阻斷心中的念頭並全力精勤修持。但在所有往昔成就者教示的竅訣文本中，都只有教導讓心就地自然安住。此外，帝洛巴尊者提到：

「過去未來不思憶，不念現在心無修，不分別觀心寬坦。」

（不追隨過去，也不思憶未來，不想著現在，不做智識上的

④ 藏文字母順序，等同於英文字母的 A, B, C……等。

禪修，不以分別妄念觀察，而是讓心寬坦安住。）

夏瓦利巴尊者也說：

「不持氣亦不繫心，無作了知稚童住。」

（不控制呼吸，也不綁住心，有如稚童一般，在無造作的了知中安住。）

無比達波（岡波巴大師）說：

「無造無改悠然住，不加尋伺自然住，不予作意無緣住。」

楊貢巴的《七支直指》則說：

「不觀心念為過患，不求成辦無分別，心住本然時警覺，禪修便達寂止要。」

（不要把自己的念頭視為過失，不刻意追求無分別念。讓心在本來狀態中並保持警覺，如此一來，禪修將達到寂止的要點所在。）

因此，應當要懂得按照噶舉祖師的教誡來修持，這一點極為關鍵。

寧瑪的大手印法門也以同樣的方式教導，正如鄔金成就者蓮花生大士於《大印・除無明闇》中的詳盡指導：

「身依毘盧七支坐，意離作為無修整，
於離戲境住俱生，於無改境心無散。
離思無執且安住，能所妄念如散放，
但觀散者何體性，無可得復鬆緩住，
所有粗中前後念，自地消散明朗住。
樂明無別此境中，舒適寬坦寂止生，
且當決斷此寂止，亦為勝觀現起相。」

（身體採取毘盧遮那七支坐法，心意則無有修改或整治，離於一切作為，離於戲論而安住於俱生契合之境，於無修無改的境地中，心保持無有散亂，離於思惟，不加執著，單純地安住。

若開始生起能取所取的妄念散逸，應當直觀散逸者本身的體性為何。在尋找後，確定什麼都找不到，便保持寬坦安住。這樣一來，各種粗大的前念、後念都會原地消融，再回到像先前一樣的寬坦安住。

於樂明無別的境界中，舒坦放鬆而生起寂止。對此，應當抉擇這就是寂止，同時也是生起勝觀的標誌。）

藉由精勤修習如此的寂止教導，將能逐漸生起變動、熟稔、堅固、究竟的覺受。有些引導文本以譬喻描述這類的覺受：「止者，首如山澗瀑布，二如河水緩流，三如大海不動。」以這樣的方式結合譬喻而教導寂止，然而，對這些覺受獲得堅固的徵兆之一，是生起零星的有漏神通與神變，如果因此心生自滿與我慢而感到驕傲，便有落入邪道歧途的危險。因此教導說，應當依止有經驗的上師，以防誤入歧途，這一點十分重要。

如先前所說的，憑靠帶有作意的世間寂止、阻絕感受的愚闇蠢修等，都無法踏上涅槃之道。要成為大手印禪修基礎的寂止，即必須安住於上述所說「無修改整治」的境地之中。有些人只獲得安住分，並未獲得覺性的明晰分，只是在平等無記的昏沉當中虛耗，不但沒有進展，更是落入歧途。蓮師說：

「覺性妙力如未立，止力薄弱昏昧闇，鮮少利益亦不生。
覺性明力乃為要，禪修者眾知此稀。」

（缺乏覺性的本自妙力，只憑藉力量薄弱而昏昧愚闇的寂止，不能帶來任何的些許利益。因此，應當珍視獲得覺性明晰力量的重要性。雖然禪修者為數眾多，但懂得禪修的卻十分稀有。）

箇中關鍵正如蓮師以上的開示，實在重要啊！

第九章

大手印之義

先前解釋了寂止的方法與指引，接下來要介紹勝觀的真實義，也就是空性智慧。正如您提到的，「離言絕思般若波羅蜜①」的教導，說明了心的體性，至於「是諸說中殊勝因②」的教導，則描述了心的性相為明而無礙。這兩個方面並不矛盾，而是本初任運自成的勝妙空明雙運。

此外，關於如日月般著名的「禪修大手印」一詞應如何定義，有著許多不同的主張。印度祖師如帝洛巴與那若巴師徒，在方便與智慧二者中較著重於方便，主張「樂空俱生智慧」為大手印，以實修與方便道作為關鍵要點，並由瑪爾巴、密勒日巴、惹瓊巴承繼此傳規。另一方面，薩惹哈尊者、日綽旺秋尊者與梅紀巴師徒三尊，則著重於智慧空性層面，將大手印定義為「覺空大手印」，或稱為「無作意」（梵

a-manasikara），主張大手印是純粹於無造作境地中安住的義智慧，此傳規經瑪爾巴傳至密勒日巴，由岡波巴大師以「俱生契合」廣為弘揚。後有噶旺確吉札巴等大師，也根據此傳規撰寫樂空大手印、覺空大手印、實相大手印的著作。

至於在藏地，薩迦法王與其後繼弟子則主張，「大手印」即是灌頂義智慧，因此灌頂甚為重要，實修也以因、道、果的灌頂為主。

---

①此偈參見梵本、藏本《心經》的歸敬頌：「離言絕思般若波羅蜜，無生無滅自性如虛空，各各自明智慧之行境，三世佛母尊前歸敬禮。」（釋楚禪藏譯漢）。

②此偈出自《文殊真實名經》，本處引用漢文大藏經《聖妙吉祥真實名經》（《大正新脩大藏經》第二十冊，No. 1190）。

吉祥竹巴噶舉父子③，當中尤其是果倉巴尊者等，主張大手印為「霍然生起、無有缺漏的了知」。

博學智者郭扎巴則定義大手印為「本來面目」，亦即心的生、住、去三者皆無可尋。

遍知布頓仁波切等強調「基」，主張大手印為如來藏（佛性）；覺囊派則強調「果」，主張大手印為隨形好等果位功德，於有情心續當中圓滿具足。

博東巴（與其弟子）主張大手印是單純的無分別智，與中觀宗一樣強調空性見；格魯派也同樣主張中觀見地。

向．蔡巴尊者④與其傳人主張大手印為「大光明」，直貢派主張大手印為「唯一自明」等。由以上可知，究竟的意趣可說是並無二致，但各有無數側重的面向與教示的方式。

岡倉（噶瑪噶舉）實修傳承則主張，一切續部的究竟意趣都是方便與智慧無二之智，也就是於本然俱生界中自現的赤裸、煥發「顯覺雙運」，此即為大手印或勝觀之體性。

吉祥卡卻巴（第二世夏瑪仁波切）在《大印直指》提到：

「雖然顯現為明而覺，但不存在任何自性。沒有一絲一毫的『本來即有』，又能顯現出各式的形形色色。顯、覺、空三者和合

③即師徒。

④向．尊珠札巴，蔡巴噶舉創始者。

無別而成一味，此即為大手印，亦稱為現證自心為佛之本來面目。」

於眾多實修傳承祖師的教導中，都有無數同樣的主張，寧瑪派的大手印主張也與此一致。如蓮師於《大手印教言》所說：

「所謂『心性大手印』，是為明空無二智。輪迴涅槃所攝一切法，最初之生，由心性而生；現在亦住於心性境中；究竟解脫也消融於心的廣界之中，因此一切皆不離於心性。如此的心，如以上師的加持與教誡攝持，認出自明覺性的本來面目，即是一切涅槃功德的生起之基。原因為何呢？心的自性為本初無生之法身、本色無礙顯現之報身、妙力大悲周遍之化身，以及此三身本初以來無別任運而住之體性身。若能如此了悟，一切佛陀的功德便隨之任運而生。」

蓮師繼續提到：

「心性本始無生中，輪涅種種神變無礙現起，皆不離於無生之遊戲。因此，一切顯相為空，空之本色為顯，是為『顯空無二』。」

以及：

「這也稱為『方便、智慧無二』，無礙念顯的本智方便，具自性為無生之智慧。方便、智慧無二的廣大智慧，是一切萬法的存在法則。」

蓮師有許多這般的詳盡教示。

此外，《大印．廣界離際》當中這麼寫著：

「云何寂止及勝觀，妄念煩惱自地滅，

心不作意為寂止，顯有為心悟勝觀。
根本定中不勞心，自然悠然且安住。
後得粗細分別心❶。」

（所謂寂止和勝觀：寂止是妄念與煩惱皆於自地中息滅，心不予作意；勝觀是了悟一切顯有為心。根本定中，對心不加以驅使勞役，自然、悠然地安住；後得位則是粗大與微細的分別心。）

接著也提到：

「心之妙力無礙顯，自性明了是為空。
無有所緣乃見地，無執守護即禪修。

離於破立為行持，能得離於希懼果。
世間耽著盡捨離，迷亂體驗皆拆毀，
習氣耽執負荷拋，心處原狀鬆寬坦，
法性境中暢然住。
一切諸佛祖師心，領悟心性甚為貴，
三十七支菩提法，五道十地與六度，
三五佛身及五智，種種諸般一切法，
心性唯一之明點，若得決斷遍攝之。」

❶祖古．烏金仁波切說：「相對於根本定的後得位之中，念頭的生起會持續消融。」

〔心的妙力無有阻礙是「顯」，其自性的了知為「空」。

「見」是無所緣，「修」是無有執著地守護見地，「行」是不予破除、不加安立，「果」則是離於希望、疑懼。

拋棄對世間的貪戀，拆毀迷惑錯亂的體驗，捨斷執著貪戀的習氣包袱，讓心以原狀寬坦放鬆，暢然安住於法性之境。

這樣的心，是一切諸佛的先祖，領悟這個心實在甚為寶貴。

若能對心性唯一明點獲得決斷，那麼三十七支菩提分法、五道十地、六波羅蜜多、三身、五身、五智等一切法，皆含攝於此（唯一明點）之中。〕

所有持明成就者都一致同意，所有佛法的根本，在於必須掌握我們自己的心。然而，有許多人在單單由文字所構成的見地和禪修中載浮載沉，或者耽戀於作意虛構所帶來的昏黯禪修。因此，應當依照具德弟子的性情和根器差別分類，適當地給予漸證、頓證或超越證的引導，這一點至關重要。弟子首先也要堅持不懈地修持共與不共的前行教導，直到出現對應的徵兆。

至於正行修持，有許多不同的教導方式，像是從禪修中抉擇見地，或是從見地中抉擇禪修。不管是哪一種方式，最重要的是對心的根基得到確定。不應依憑臆斷揣測、教條理論、他人的分享，或只是學術式的知識，而是要從自身的體驗來達到確信，尋找自心並獲得定解。唯有在適當的時機下，才應給予弟子關鍵的直指教導。

如果在錯誤的時機，以顛倒的次序講說口訣的甚深文字，弟子只會缺乏實際體驗而滿口陳詞濫調。因此，關鍵是要了解弟子在修道進程中的各個重要分界點。

第十章 遣除過失

您提問關於《解脫莊嚴寶論》[1]所說，透過譬喻、經教、道理三者而遣除過失的教導：

「不善觀空性，劣慧招害損。」

（若不能正確觀見空性，智慧低劣之輩將遭受損害。）

我的回答是：《解脫莊嚴寶論》確定了噶當派與大手印二河意趣的融合，就顯、密（或經、續）的共同教導而言，此論著重於顯宗，旨在展示大乘的道次第。當中的〈般若品〉主要遵從中觀見地解釋空性，道方便則依據六度來教授。其中的教證，主要廣泛引用自中觀論典與彌勒五論[2]，因此確實符合共通乘的教導。至於岡波巴大師對大手印的實際主張，則是在《隱祕口訣揭顯》等論典和問答當中闡明。

此外，大多數人主張：「雖然顯、密在見地上沒有差別，但在方便（方法）上有其差異。」不過，實修的因來自於見地的意義，要了悟或禪修此義的方法即是「方便」，既然二者在方便上有所不同，見地上也有細微的差異。在因乘教法當中，最卓越的見地即為中觀見。雖然中觀宗尚有許多支分，但其共通的禪修教導都主張「座上如虛空，座下如幻

---

❶ 藏文題名為 yid bzhin gyi nor bu thar pa rin po che'i rgyan。

❷ 關於彌勒五論的介紹，堪千創古仁波切曾於其著作《佛性》（*Buddha Nature*）說：「《現觀莊嚴論》闡明二轉法輪的教導。接下來的《經莊嚴論》《辯中邊論》《辯法法性論》三部，闡釋釋迦牟尼佛所有法教的共通教導。第五部《寶性論》，彌勒怙主則於此具實建立三轉法輪的教導。」

夢」。座上修時，如同虛空的空性，是單純依靠經教道理和觀察分析後，由思惟心決定心不存在任何體性，故而安立為空。禪修時，則刻意捨斷一切分別妄念，在如同虛空的無分別之中平等安住。座下的後得位種種體驗則如同幻夢，這樣的執持與信解，只是藉由概念建立所產生的。

但以大手印來說，無論心如何住、如何起，都將當下無造作的悠然自明智慧取為道用，而無任何的破斥或安立。

至於尋找心的時候，性相乘（因乘）也僅以心識（思惟心）觀察，作意思惟而尋找，如此尋覓後無法找到，這就像進到空屋的竊賊一般，實際上找不到，所以為空。但在大手印裡，則是在座上修觀見心的本來面目，抉擇是否具有顏色、形狀等特徵？是否有生處、住處、去處？在這樣獲得決定之後，確定除了尋找者——「覺性」本身以外，並無其他的存在，因此現見被尋者（所尋）、能尋者（能尋）無二之智，也就是見到空明雙運的本來面目。由此可知，性相乘與大手印兩者方法差別甚鉅。大手印並不承認任何透過思惟心分析，或是以正因（正確的理由）或觀察而成立的空性。妙音稱（蔣貝札巴）提到：

「觀察蘊集空，如芭蕉非實，
諸勝行相者，空性非如是。」

（透過觀察分析諸蘊所得到的空，如同芭蕉一般空洞無實。
然而一切勝妙行相的空性，絕對與此不同。）

僅僅是思惟心的造作與分析觀察，無法領悟超越思惟的真實義。如帝洛巴所說：

「心識不見超思義，所作不證無作佛，
欲證超思無作義，抉擇自心住裸覺。」

（心識造作之法不能觀見超越心思之義，
所作之法不能臻至無所作的佛果。
若要證得超越心思概念的無作真義，
應當對自心獲得決斷，安住於赤裸覺性之中。）

因此可知，因乘的見與修，與此處大手印的主張有著些許不同。

此外，尤其要談到若不能善觀空性，會如何帶來損害。精通勝者的善巧方便者，為了遮止執著實有的耽著，而向凡夫、聲聞緣覺等教導空性，然而，若是執取空性，其過失比執著實有還要更為深重。岡波巴大師提到：

「如譬喻、理路、教證所演示。《寶積經》云：『如是迦葉！寧起我見積若須彌，非以空見起增上慢。[1]』」

（如同譬喻、理路、引用教證所教示的，《寶積經》提到：「迦葉！正是如此啊！像須彌山一樣高的我見還容易（摧毀），但執

① 參見《大寶積經》第一一二卷。

著空性而起增上我慢就非如此了。」）

大婆羅門（薩惹哈）也說：

「執實者雖蠢於牛，執空者乃更甚彼。」

（執著實有者比牛還要愚蠢，但執著空性者比前者還更愚蠢。）

執著空性為何會造成危害呢？勝義空性超越了思惟心，若是以思惟心造作空性，無法進入菩提道。若偏重空性而生起耽著，將會產生斷見，只會締下墮入惡趣之因。《地藏十輪經》[2]說：

「不信異熟業因果，此乃外道說斷見，
死後即刻墮無間，損及自身害他人。」

（對於業異熟、因果不能生起信解，這即是外道所持有的斷見主張。

死後將即刻投生於無間地獄，不僅損害自身，也會危及他人。）

---

②此處依藏文譯，可參見漢文大藏經《大乘大集地藏十輪經》第七卷：「後復遇聞說大乘法，雖生愛樂而不能解。愚冥疑惑，便生空見，撥無因果。由是因緣，造身、語、意無量罪業。乘此業緣，於無量劫墮諸惡趣，受種種苦楚毒難忍。」

此外，在西藏，有些人佯裝學者，把大手印和大圓滿的見地、禪修，尤其是「行持離於取捨」之類的法語，視為與漢地和尚的宗見等同。但漢地和尚並未承許方便或因果，其禪修主張為「無念、無作意」，這是斷絕一切明分的不分別，彷彿昏沉睡眠的愚痴，絕不等同於大手印、大圓滿的明空雙運之智。

有些大圓滿教導中有「超思離心」的說法，大手印則提到「不作意」，這些是指心識所做的造作、修改，凡俗迷亂的思惟作意。

至於「行持無有破立與取捨」所描述的是根本定境界的本來面目，是不受善惡、好壞等取相（概念執著）所染的無為法，絕非主張沒有善惡或詆毀因果。

實修上不將智慧與方便分離，是大手印與大圓滿都強調的關鍵主張，因此，與阿底峽尊者所主張「二諦雙運為基；智慧方便雙運或二資糧雙運為道；二身雙運為果」的意趣相互一致。

此外，無比岡波巴大師提到：「般若乘是透過緣起等經教道理，抉擇『顯而無自性』進而禪修。若是僅僅透過信解而造出空性，則是中觀宗的禪修傳規。像這樣還存在著所修、能修的二執心識，故而尚未證得見地，仍然有執著實有的危害，會隨之生起無數無量的障蔽，無法現證菩提。」

另外還有些人認為，先安住於純粹無分別的根本定中，再於後得位修習一切如幻夢。然而，密勒日巴尊者的傳規則主張：「將五毒與所有妄念轉為無二智，對此獲得嫻熟之際，便不再有根本與後得、座上與座下的分別，一切皆能取為道用。」這正是直白顯明的大手印不共主張。

第十一章 有相禪修

您問到：「如果說，空性無相的禪修可能導致墮入惡趣①，那麼其他有相的禪修又如何呢？」

對此，我的回答如下。就共通教導而言，無有顛倒地了悟空性義，乃是一切諸法的生起之源，因此稱之為「勝者之母」「法界」和「般若」。同時也稱作「佛母婆伽②」「虛空界」「法源」「誒旺」（EWAM）等，密咒所有的「符號、意義、標誌」三重意義，都是為了表示空性義，而以文義悖謬③的方式教導。

了義經所闡釋的十八空性分類，乃至咒乘一切生圓次第的法源，其源頭都出自於對空性義的如實了悟。就好比外在虛空，是內情世間一切眾生的生起根基或生處，輪涅一切法首先都是從此空性廣界中現起，最終也於此空性界中消融。《無垢果續》提到：

「輪涅諸法生起基，實有不成之法界，
普能遍盡廣袤界，智慧似如虛空界。
無生境中能出生，種種神變各各顯，
雖無實有能現前，顯有一切成輪涅，
一切實相同一義，遠離戲論之法性。」

（一切輪涅法的生起根基，是毫無實有的法界，其為遍及一

---

① 此處應是指思惟心建立造作的空性無相禪修，詳見第十章所說不能正確觀修空性的過患。

② 婆伽（梵 bhaga，藏 bha ga）：子宮、女陰之義。

③ 採用的文字意義與世俗理解相悖，在世俗中沒有同樣的對應意義。

切的廣袤界，也是廣大如虛空界的智慧。

於此無生境界中仍能生起、顯現形形色色的神幻變化；於無實有之中，仍能現前成立一切顯現與存有的輪涅法。

所有實相義皆為同一，亦即離於戲論的法性。）

然而，對於不能如實了悟真義之輩，空性義反倒會成為他們的迷亂根基。由於不能了解空明雙運的隱義，反倒認定成空無或是偏頗的空，顛倒執著，因此只會朝著惡趣而去。

若是了悟真實的空性，無論墮入惡趣者、能墮之因、墮入之處，都已不復存在。

此外，以不共的大手印教導來說，「基大手印」乃是本初的實相或如來藏，是具有空明覺性精華且無有遷變、盈虧的法性，本始以來即是任運自成。「道大手印」是透過止觀、生圓次第、方便與智慧、福智二資糧等眾多甚深又迅捷的次第，淨化暫時迷亂的垢染。「果大手印」是自在統御三身自性，也就是證得他處不可尋得、由內生起的廣大自生任成之法王國，而此正是現證真實空性的功德。

至於，有相禪修是否會造成墮入惡趣的因緣，這要取決於眾生。此外，有相禪修有不同的分類。就共通乘來說，是以慈悲、菩提心和六度等作為道上的法門；就不共密咒乘來說，則包含所有依靠有相所緣境的各種廣略生起次第，以及關於風、脈、明點的禪修次第。對於這些修持，若皆能以教誡要領來攝持，有相、無相便不會有分別。那麼，這個教誡要領是什麼呢？

此要領單純只是「三輪清淨」。若以菩提心為例，無論是發菩提心的對境、能發菩提心者、作為發心種子的心，應當了悟此三者的自性，於空性界中同為一味。以此類推，諸如六度等也同樣如此。在如此了悟後，一切的有相或有所緣的修持，也都是無上正等正覺之因。如《佛說幻士仁賢經》④所說：

「諸法無自性，
眾生佛無相，
無相擇有相，

佛果甚可遠，
復染眾生法。
應知無實有，
所作離作者，
名執當示空，
若悟緣無性，
離貪了知法。

④此依作者藏文而譯，亦可參見漢文大藏經《佛說幻士仁賢經》：「無相之相，所可現相；正覺佛道，遠如復遠。虛妄之法，起眾想處；生眾因緣，無形之樹。造發眾事，若干種意；斷諸受想，是為本無。其知因緣，及所作為；彼即了法，逮得離欲。離欲法已，即識知如；即得見道，其眼清淨。」（《大正新脩大藏經》第十二冊，No. 324）。

離貪知法者，

淨眼現見佛。」

（一切法都不具有自性，眾生、佛皆為無相。若將無相之法抉擇為有相，成佛將變得甚為遙遠，一切法、人都會因分別妄念而染汙。

也應當了知無實有的道理，任何所作都離於能作者，僅是以假名而有，以顯示其為空。

若懂得所有因緣皆不具有自性，這便是離貪而能通曉諸法。

如果能了悟離貪法，即是以清淨眼目而見佛。）

同樣也應當正確了解，密咒乘裡，諸如生起次第法門當中的一切有相所緣境，都必須以三輪清淨的方式修持，這一點至關重要。無論修習何種生起次第，其觀修方式，都應當像上師在給予能令成熟的寶瓶灌頂時所做的如實直指：一切的情器世間，或是蘊、界、處等顯相，自本始以來即「是」本尊的自性。唯有確信「是」，才是生起次第，如果「不是」但以心識造作要觀修成「是」，就不是生起次第。這般的假立造作，只是成了倒世俗，就好比無論怎麼觀修，都沒辦法把木炭觀修成海螺。

至於風、脈、菩提心與各種所緣的修持，也都是甚深要點的方便與緣起，能令我們現前了悟本初即有的自性，亦即事物的實相，而非將「不是」觀修為「是」。

無論哪一種觀修，若觀其為堅實、耽著、恆常、堅固，即是誤入有相禪修的歧途。應當抉擇其如同幻夢水月，是顯而無自性的，於勝義上離戲離相，為自心大手印的遊舞，這麼一來，絕對不會成為障礙、過失、歧路的基礎。像這樣的道理，如《祕密藏續》所說：

「俱生心性中，無所修能修，無尊亦無咒，
自性無戲論，尊咒真實住。經何方便證？
猶如煉金銀，銀石尚未融，磨鑄皆難成。
以成熟灌頂，生次抉得果。」

（於本自俱生的心性之中，沒有所修，也沒有能修者。
沒有本尊，沒有密咒，亦無戲論。

於如此自性中，本尊與密咒亦為真實而有。

了悟這一點的方法，就好比融鑄金銀一般，倘若未先將銀礦融出銀液，便無法加以精煉加工。

相同地，先以灌頂令心續成熟，繼而修習生起次第，便能藉此而決斷果。」

「五蘊即五佛，五部五智慧，五大五佛母，
外內金剛處，菩薩勝壇城，法身一境中，
為利眾生故，剎土遍虛空，映現無量身，
究竟無生起，智成圓滿尊，本尊心同一，

無別晶石光，本尊心無二，無二勝者意。」

（五蘊即是五方佛，五方佛亦是五智，五大種則為五佛母。內外的金剛處，是菩薩佛父母之勝妙壇城。為了利益一切有情，從唯一法身境界中，化現出種種剎土，顯現遍滿虛空、無量無數的佛身。

雖然為究竟無生，但能由自現智慧而圓滿成就種種本尊。

本尊自性為心，心即為本尊，正如水晶石與光明二者無別，本尊與心性也同樣是無二的。「無二」乃一切勝者之密意。）

「牛身牛乳遍，然經牛角端，

亦不見乳汁，唯從乳房出。

自明法身同，三金剛實相，

如明方便要，身、語、意功德，

現證非比量，即身當成佛。」

（就像是乳牛與牛奶一般，雖然牛身當中遍滿乳汁，但從牛角端擠壓，不能得到乳汁，必須從乳房擠乳，才可得到牛乳。

同樣地，應當懂得各各自明自覺的法身與三金剛的實相，是方便與口訣的精要所在，由此能證悟一切佛身、語、意的功德，而不再只是比量，於此生便能成就佛果。）

因此，三門乃三金剛之自性，為本初即成之「基」；「道」是依止能令成熟解脫的甚深方便，取之為關鍵要點；「果」是現前生起佛的身、語、意功德，這些即是密咒金剛乘的特點，亦即「以果為道」的甚深要領。若能得到上師的口訣與加持，無論有相或無相的生圓次第，都能不經艱難而成就。

第十二章

生起次第

接下來談生起次第。首先以「梭巴哇」（觀空咒）的咒語清淨諸法為空性，其用意在於憶念且明觀空性，也就是一切萬法本來的實相自性，如此之自性從本初以來就遍攝輪涅一切法。不過如今有許多人誤解觀空咒的目的，以為是要讓情器世間的一切顯相變成暫時非實有的空無。

為何在生起次第之前，要憶念本初實相的殊勝空性呢？原因如同先前所說，輪迴涅槃諸法都是自一切諸法之母，亦即「般若波羅蜜多」界中生起，這正是空性本身的本色，是無礙明分的遊戲神變，由此化現出無量宮與形形色色的本尊。無論是何等的所現幻變，其本身皆不具備任何的堅固實質，是不曾離於心性大空性界的顯空雙運，故稱為「生起次第」。

至於所觀修的任何特定本尊，透過「明觀形相」而不落斷邊，透過「憶念形相」而不落常邊，透過「我慢堅固」而避免觀修變得交雜間斷。這些方法的目的，在於避免三門離於三金剛，新舊譯派的續典與成就法大多都有這樣的教導。然而，依照此法修行的人卻甚為稀少。

有些人主張，一開始以生起次第觀修，最後以圓滿次第收攝，其目的是以生、死為道用，這是龍樹父子等祖師的傳規。還有其他人主張，以生圓雙運而觀修，是那若巴父子的傳規。像這樣，雖然有很多不同的傳規主張，但這些聖者的真實意趣，絕對是毫無二致的，僅是為了隨順弟子的信解與根器差別，而給予適時應機的教導。

還有些大師主張，這些傳規差異來自於續部中的不同類別，但究竟義唯有生圓雙運。為何如此呢？原因是，最初以二諦雙運為基，究竟以二身雙運為現證之果。首先現起於空性廣界中，究竟也消融於本初實相境中，現起與消融雙運，心性不離於明空雙運。然而，當今行者則大多習慣將生圓次第分開，二者交替修持。

此外，凡是任何生圓次第的修持，都是為了成為自己與其他遍滿虛空的眾生成就無上正等正覺之因，目的應當僅在於此。不過，現在修持生起次第與念修之輩，看來是為了滿足自己暫時的利益，想要增長壽命與受用，或是為了遣除病魔，抑或成就各種微小損益利害的羯磨修法，故而一邊想著這些，一邊精勤修持本尊咒語，這樣的人難以進入真正的生起次第。無法正確了解符號、意義、標記的三重意義，將本尊、咒語執為實有而起了貪著，這將帶來極大的危險。就像在故事裡提到的，曾有行者投生成具有文殊閻魔敵身相的餓鬼。因此，無論是何種修持，都要信賴大論典與上師的真實口訣，這一點極為重要。

第十三章

心間

您接著問到：「所有引導文本都教導心沒有生、住、去處，但《甚深內義自釋》說，密咒寧瑪派主張，心依止心間攝集的五淨分而住於心間的情況。究竟孰是孰非呢？」

以共通教法而言，勝者教示的一切法都總攝於二諦。就此來說，心性本身的體性，不具備任何生滅、起住、來去等一切戲論取相，也不擁有任何具體的形狀或顏色。因此，心性超越了住處、住者等所知境。如《般若波羅蜜多經》：「過去心不念，未來心不生，現在心不住。①」，以及：「不生不滅，虛空體性。」

由此可知，離於常斷、來去的法性，於勝義諦、真如之中無有動搖，同時也不是毫無所有的空無，而是由本質為空性的無礙勢能妙力，產生各式各樣的顯現，原因是心具有三身無離無合的自性。無有阻礙且一切皆可顯現，即所謂的「世俗諦」，只是表相上有著生、住、去。

心首先的生處，是因為不能明了實相義阿賴耶（普基）界中無礙妙力顯相的本來面目，故而受二執迷亂業風所擾，隨之生起「無而能顯」的幻變；中間的住處，則是住於實質五蘊並遍滿其中；最終的去處，是在死亡時，切斷了宛若綁住身心二者、有如繫繩般的風息流動，因此心識隨著自身業力而從對應的根門離開，於各自來世投生之處轉生入胎。以上即為暫時世俗諦的生、住、去處。《明界續》對此有詳盡的闡釋，

①本句依藏文原文漢譯，另參見漢文大藏經《大般若波羅蜜多經》：「過去心不可得，現在心不可得，未來心不可得。」（《大正新脩大藏經》第七冊，No. 220）

如：

「奇妙哉！
三界有情眾，漂流生住去，
彷彿水輪轉，生處本初基，
住處為身依，去處尋思境。」

（真是奇妙啊！三界的有情眾生，在生、住、去的循環之中，有如水車之輪般流轉不停。
然而，心的生處為本初阿賴耶，心的住處即是所依的身體，心的去處則是尋思的對境。）

以上說明勝義諦與世俗諦當中的心之生、住、去處。

像這樣，「無而能顯」的幻變正是三界輪迴的定義，生死、起入的幻輪無有止盡，然而於勝義的體性中，無處可生，無處可住，亦無處可去。輪涅諸法只是依假名安立，從不存在任何的堅固實有。有或無、勝義或世俗，都不過宛如夢境顯現。對「實」或「非實」生起執著者也同樣不存在。就如《般若波羅蜜多心經》❶所說的：

「諸法空相，不生不滅。」

（一切法皆是空性，是為無相、無生、無滅。）

❶即為著名的《心經》。

《寶庫續》也提到：

「顯現為任顯，似有乃實無。」

（顯現的法則，是一切皆能顯現；存在的法則，是一切實際上都不存在。）

尤其就《內義》❷來說，心住於心間的道理，是密咒乘的不共主張。「緣起身齊備，證悟心中現」（透過具足身體上的緣起，使證悟於心中現起），是同樣的道理。

接著講解於三金剛身當中，所住之脈、能動之風、莊嚴之菩提心的安住情況。脈可分為三主要脈、五脈輪，散開成七萬兩千多條脈。關於依止於脈的風、明點之實相，該書的內涵則將續部的不同意趣歸納為一。由於《甚深內義》與相關論釋皆做了廣泛的說明，在此無須多提其他的部分。

以下根據新舊譯派講解金剛身隱義的教導，說明攝集於心間的五淨分。心間的「思慮心瓣脈」「珍寶冠」❸等三十二脈輪中央，為二脈攝集而成的脈結，其上有「吽」（ཧཱུྃ）字，四方環繞著「布」②（བྷྲཱུྃ）、

---

❷《甚深內義》為第三世噶瑪巴讓炯多傑所作，是金剛乘與噶瑪噶舉最重要的著作。

❸策列那措讓卓注解：雖然《廣大直指》主張，稱中脈的脈輪為「珍寶冠」並不正確，應該要稱之為「大珍寶」。但在《〈幻化網〉祕密藏續》中則與新舊譯派的續典看法一致，而如此說：「……稱為『珍寶冠』。」

②本書種子字音譯依通用梵藏轉寫規則而作，然咒音讀誦於不同傳承常有差異，請讀者務必向傳承師長請益。

「昂」（ཨཾ）、「班匝」（བཛྲ）、「亢」（ཧཾ）四個字的隱蔽脈結。中央還有脈的八淨分：中央三者為法性脈，為不變三身的所依處；前方有大圓鏡智慧脈，為四智慧的所依處；右方有功德脈，為聖者種種剎土與無量宮顯現基的所依處；左方有三毒執實的三脈，為自輪迴迷亂妄念中，顯露諸多煩惱的所依處。

接著說明其中細節：法性脈當中，金色光為阿賴耶識的所依處，金光是由肉淨分所形成的。大圓鏡智慧脈當中有風息淨分的藍光，為意識的所依處。功德脈當中有血淨分的紅光，為末那識的所依處。

此外，中脈之內，尚有由脈的濁分形成的「蘇」（སུ）與「帝」（ཏྲི）字，是能夠導致投生阿修羅道與畜生道的習氣種子；中脈之內也住有能清淨該習氣的身精華「嗡」（ༀ）字。

前脈之內，有風息濁分形成的「阿」（ཨ）與「尼」（ནི）字，是導致投生天道與人道的種子；同時也住有能清淨該種子的意精華「吽」字。

右脈之內，有血濁分形成的「貝」（བེ）與「讀」（དུ）字，是導致投生餓鬼與地獄道的種子；同時也住有能清淨該種子的語精華「啊」（ཨཱ）字。

由此可知，由「所淨基」——不淨六道之因與種子字中，生起「所淨」——五毒與慳吝等種種的煩惱妄念。

至於生起之本尊、所誦之咒語、所修之三摩地，凡是從勝者三身精華、三種子字中生起的一切佛身、佛語、佛意智慧顯現，皆為「能淨」。藉由其力量而清淨的結果，是令身、語、意三金剛的力量臻至圓滿，因而現證勝者三身。教導強調此為關鍵要點。

其中，特別是在全部的中央，由中脈淨分所形成之脈，稱為「離結脈」或「噶底水晶管脈」，也稱為「兔眼脈王」或「巴桑杜」（梵bhasantu）。此脈柔細、明澈，如白絹絲線一般，脈的末端像是花椒迸裂綻開。一般凡夫身上，此脈的末端下垂閉合。在具有修持覺受或菩薩大士身上，此脈的末端略微開啟而橫開。究竟成就者或是諸佛，末端向上綻開，教導提到，這類的聖者藉由此力而具有悲智周遍的智慧。

於此殊勝脈的中央，有著寂止智慧的體性、不壞明點的「吽」字，其大小如芥子，顏色如水晶或水銀色，毫無汙濁，周圍有五淨分的光團圍繞。此為覺性智慧法身、本初實相、勝義諦、大明空雙運。對此，有些人詆毀說：「這是持有『常見』的外道所主張的，位於心中央的實質心，其形狀如卵，堅硬不壞，大小等同身長。也等同五淨分攝集的明點。」然而，這其實是顯而無自性之五智的圓滿體性，與上述外道說法毫無相干。《吉祥普合續》：

「心間住蓮花，八瓣置中央，
其中所住脈，形色如燈火，
形如芭蕉花，開口朝下垂。
當中住勇父，大小如芥子，

吽不壞種子，好似雪花落，

名為巴桑杜，能令心歡悅。」

（位於心間的蓮花，其中央有八片蓮瓣。當中的中脈，貌似油燈的火焰，狀如芭蕉樹的花朵，開口向下垂放。

住於其中央的勇父，大小如同白芥子，好比飛雪一般落下不壞的吽字種子，此脈稱作「巴桑杜」，能令有情眾生的心感到歡喜。）

《明界熾燃續》說：

「普明噶底晶管脈，廣大寂止智慧身，

含苞蓮花初綻放，壇城圓滿界中現。」

（極盡明澈的噶底水晶管脈，為寂止廣大智慧的佛身，從蓮花的花苞中綻放，於壇城的圓滿法界中現起。）

《無垢藏續》提到：

「『都底』身命軸中出，生於上下似五輪，

銅號空心傘骨狀，此中精華淨分脈，

中央法性勝義脈，由此無生殊勝道，

諸脈復由彼開展，思量心盛大樹王。

中央攝集於心間，謂『心』識命之所依，

肉淨分而成中脈，熱淨分成短『阿』火，
明點淨分大樂『杭』，風息淨分為命風，
阿賴耶識意淨分，五淨分攝光團中，
精華智慧義本尊，本初佛陀祖輩住。」

（「都底」或中脈，是身體命根的中柱，從中生出五脈輪，如同銅號角的中空傘骨，其精華為淨分之脈，亦為「法性勝義脈」，又稱為「無生大道」。

從中脈再開展出種種脈，產生如同枝葉繁茂大樹王一般的各式思量揣度，其中央攝集於心間處，故而稱之為『心』，亦即心識與命根的所依處。

肉淨分形成中脈；熱淨分形成短阿之焰火；明點淨分形成大樂『杭』字；風息淨分形成命風；意淨分形成阿賴耶識。在這五淨分的光團之中，住有精華智慧的勝義本尊與本初佛的先祖。）

《無垢藏續》接著繼續詳述：

「心間中央為脈王，復具兔眼之名號，

猶如花椒開或合，有情身中下垂閉，

顯相痴迷障蔽遮，禪修功德令前開，

輪涅二顯幻夢現，於諸佛身朝上綻，

智慧光明盡圓滿。」

（心間中央的脈王，稱作為「兔眼」，末端具有如花椒般的開口，或閉或合。

在有情眾生身上，此開口垂閉，而受各種癡迷的顯相所障蔽。經禪修所生的功德，能使之向前開啟，輪迴涅槃的二執顯相，皆現起如幻夢。

在諸佛身上，此開口向上綻放，而展現圓滿智慧的光明。）

如此教導並非舊譯寧瑪派所獨有，新譯派的諸多續部也有同樣的教示，例如在先前所說的《和合續》③便有下列補充：

「此脈甚姣美，離塵負盛名，
清淨如晶光，菩提心光明，
彼真實五智，僅如芥子量。」
（中脈之美妙，以離於塵埃而聞名，清淨有如水晶光一般。
菩提心即是光明，而五智的實體，是僅如白芥子一樣的粗細
大小。）

《五次第》也提到：

③即《吉祥普合續》。

「常住於心間，不變一明點，

能修之士夫，智慧必然現。」

（恆常住於心間之中的不變唯一明點，對此加以禪修者，智慧將必定生起。）

《喜金剛・二品續》則說：

「身住大智慧。」

（於身體之中，住有廣大智慧。）

薩慧哈尊者也說：

「智者縱說論，未悟身中智。」

（雖然所有智者都講說論典，卻不能了悟於身體中存在的智慧。）

此外，諸大成就者[4]所撰寫的眾多論典、注疏、口訣中，也都是如此教導。簡言之，從身心、風脈等聚合緣起之中，心間五淨分攝集的明點，是勝義菩提心的關鍵根基。禪修光明的關鍵方便，全都要倚靠心間。這正是為何所有生起次第的本尊瑜伽，都必須以心間的意種子字作

---

[4] 策列那措讓卓注解：如噶那巴（黑行者）的《春時明點廣釋》。

為所依，也是為何三尊（三薩埵）❺、咒鬘與攝放三摩地等，全都要源自心間的重要原因。

所有眾生最終死亡時，便是由於風、心、明點於心間和合，而能與止光明相會，即使是微小如眼的昆蟲也不例外。這也是具有實修力量等輩，能在第一中陰解脫的關鍵。不僅如此，教導也提到，風、心入於中脈的所有功德，都是依靠這個要領而受益的。

舊譯寧瑪派大圓滿的相關實修口訣中，提到心寶肉燈、白柔脈燈、遠鏡水燈、清淨界燈、明點空燈和自然慧燈等六燈。此外，還有實相基燈、中陰時燈與究竟果燈。這九燈都與本處所說的關鍵要義如出一轍。

密咒乘的不共教導中，講述了瑜伽士的身體乃勝者壇城任運自成的道理。心間五精華所攝集的不壞明點，即是包含勝者五佛的四十二寂靜尊，連同由其光明本色妙力而住於頭顱中的五十八忿怒尊，全都是體性為佛身、自性為光明、形相為明點淨分。法性中陰之時，將感受到其遍滿於自現的所有世間之中。此時若能運用教誡要領，便得解脫。若不明了其為自現，而誤當作是他者，則將因此產生驚恐畏懼，以致無法解脫。無數教導中對此都有詳細的闡述。

雖然如此的直指教導不勝枚舉，但在其他傳承裡，有為數眾多的

❺ 策列那措讓卓注解：三昧耶尊、智慧尊、禪定尊（三摩地尊）。舉例來說，自觀為阿彌陀佛的身相時，三昧耶尊是現起的本尊身；智慧尊是自極樂淨土迎請而來的真實阿彌陀佛，無有分別地融入自身；禪定尊則是修持收放光芒時，住於心間的小尊阿彌陀佛。

人，將整體舊譯派法教與不共大手印，視為類似外道的傳統而加以詆毀，根本不把這些教導當作佛法。

大部分自稱是寧瑪派的人，用防護、迴遮、殺生、壓制的修法，以及禳解、靈器布施、占星曆算來愚弄自己。透過這些獲得微薄的財物飲食，用以餵養妻小。他們只是虛度人生，遑論是實修深法大圓滿了，甚至經卷都擱置一旁，淪為蟲子的巢穴，對這樣的情況，我只有感到深切的悲哀，毫無其他辦法。

而像您這般具有廣大的智慧眼目者，暫且不論寧瑪派的經典，只要閱讀大成就者噶瑪巴希（第二世噶瑪巴）有如無量大海之教言集當中的法教，見地與修行都將隨之真正變得清晰。附帶一說，僅只依靠遍知讓炯多傑親見無垢友所寫下的《深法噶瑪心髓》（噶瑪寧體），也能顯明所有大圓滿心髓的真實意義。

此外，類似於「心的所依處位於心間」的教導，普通凡夫也同樣認為心是身體的險要所在。如醫方明的典籍中也提到：

「能明思根脈住心，復有支脈五百繞。」

（能使思慮心根明晰的脈住於心間當中，由五百微細脈所圍繞。）

當中還說到，壽、魂、命的住處所依也在心間；據說超薦修法的法師❻也是以心間為其所緣。

密咒的下部密乘也有同樣的意趣，諸如《毘盧遮那現證菩提經》亦有相符的教導。許多灌頂儀軌裡都教導了如此的觀修方法：於心間之中，有世俗菩提心體性的滿月月輪壇城；在其之上，有勝義菩提心體性的白色五股金剛杵。這些都是彰顯心間不壞明點的符號意義。

再者，當密咒修持臻至究竟之時，將於自現的勝義奧明剎土中，以圓滿受用身而成就菩提。在勝樂金剛、喜金剛、密集金剛三續，與時輪金剛續都提到同樣的教導。同時，大圓滿教導也闡明心間當中住有報身壇城，以及法身中陰顯現與解脫的道理。所有這些教導的真實意趣，都是別無二致的。

因為「外、內、別」❼三要為一的力量，此娑婆世間成為賢劫千佛的圓滿證悟之地，該處就是南贍部洲中心的金剛座。教導也說，這正是外、內緣起要義為一的標誌。

❻以諸如普巴金剛的忿怒尊修法而進行超渡、清淨無明。
❼「外、內、別」（時輪），是時輪金剛法門的關鍵用語。

第十四章 大手印正行

在回答完大多數的問題，並說明其他相關主題後，接下來要解說大手印的正行。

您問到了關於座上修之時，將目光投視在天空或地面上並安住，並讓這些外境和其顏色皆清晰顯明，同時對其不起執著的方法。

基本上，在初學者尚未生起禪修時，若要生起禪修，那麼諸如毘盧遮那七支坐法、眼睛的看式都非常重要。特別就有相寂止來說，像是依靠木棍或小石頭以修習禪修時，必須讓心、眼保持專注一境。無論專注的對境為何，都應當清楚明見且不起執著，但這分為兩種不同的狀況。

第一種是對於外在境相的各種形色細節不加以分別，僅保持空朗朗的無差別，但這稱為「空白心」，而非禪修的本質。第二種為真正的禪修，是無誤地明現所有外在境相，並透過六識的顯現根門真實感受境相，心如同灑落地面的水銀那樣不染雜質，清清楚楚直視本來面目。由此可知，若是不摻雜貪著塵染，便毋須捨棄或遮止顯現境相，因為這些顯現乃是心性任運自成的本色。正如帝洛巴尊者所說：

「非受顯縛是貪纏，當斷貪著！那若巴！」

（綑綁你的並非顯相感受，而是貪著束縛了你。應當斬斷你的貪著！那若巴！）

瑪爾巴尊者也說：

「總歸顯相任其現，未悟之際顯迷亂，耽著外境令受縛。

如已了悟顯如幻，諸顯現境心友伴，
究竟勝義未曾顯，無生法身清淨成。」
（總歸來說，無論怎樣的外境感受，
尚未了悟之時，都是迷亂的感受，因為貪著外境而受縛。
但對於已了悟者，就如幻夢一般，對外境的感受皆能成為心的友伴。
究竟勝義從未曾顯現，而為清淨的無生法身。）

確實如此啊！再者，如先前所說，寂止的教導中，相當重視諸如眼睛的看式等要點。大圓滿也教導，心不能安住時，令心安住的「聲聞寂靜看式」，以及令心穩固安住的「菩提薩埵看式」，還有令心穩固解脫的「忿怒尊看式」等，看式為數眾多，不勝枚舉。

至於禪修大手印的正行，也就是實修止觀無二，此時並不依賴各種看式的動作，這一點相當重要。如法王郭扎巴所說：

「吾乃大印瑜伽士，身要、看式、持心無，妄念任現守本地。」（吾人乃是修行大手印的瑜伽士，沒有身體坐式、眼睛看式，抑或持心法。無論分別妄念如何湧現，都能掌握自地。）

如其所說，無論是行、住、坐、臥，都應當將之融入禪修。因此，並非總是需要保持身體的坐式或眼睛的看式。

第十五章

安住與動念

您問到了關於「剎那剎那住，剎那剎那變」等教導。

一般來說，大部分引導次第的主張如同先前提到的，首先應當修習能讓心的安住分獲得確定的眾多法門。若是分別念的波浪無法在原地消融，便難以認出赤裸的自生智。因此，教導中解釋，必須在心續中生起勝、次、劣三程度的安住分，這才是真正的禪修所依基礎。正如法王杜松虔巴（第一世噶瑪巴）所說：

「此心無轡公野馬，往昔奔於逆行徑，今當引入真實道。」

（心有如沒有轡頭的公馬，先前走在錯謬的路途上，現在應當將其引回真確的道路中！）

如上所言，如果沒有達到一定的安住分，無論怎樣禪修，都很難保持穩定。大成就者鄔金巴這樣解釋：

「迷心未以正念攝，覺性飄盪面紗蔽，心如風吹飛鳥羽，自然原狀甚難持。」

（未以正念攝持的迷亂心識，覺性起伏飄盪，有如蓋上面紗而受遮蔽。心如同被風吹擾的鳥羽，難以掌握自然的本地原狀。）

所以，必須要能自在掌握安住分。

儘管如此，要是以為只有安住才是禪修，其他像是動念的狀態則不算禪修——這樣的主張，正是尚未認識勝觀的過患，會導致「禪修饑饉」的狀況。因此，心安住時，在安住之上保持安住；心動念時，於變動之上認出自然本面。果倉巴尊者說：

「赤裸徹見此自心，見無可見非實有，
無所有中鬆坦住，斷離遲鈍無執住。
如有妄念再次生，本來面目復直視，
於彼之上鬆坦住，自地解脫無猶疑。
赤裸徹見諸外境，乃是自現猶如幻，
種種現起無執住，間以覺性離纏縛。
變動無義似微風，不取不執動為勝，

識得本面離破立，此謂妄念現禪修。」

（赤裸直視自心，將見到無可見、無實有。在無所有的狀態中鬆坦安住，斷除呆茫無義的狀態，不執不取而安住。

分別妄念再次現起時，繼續認出本來面目，寬坦安住於本面之上，妄念無疑能於原地解脫。

赤裸直視外境，將見到一切外境皆是如同幻夢一般的自現。無論有什麼現起，都在其上安住而不加執取，於諸現起之間，讓覺性鬆脫一切束縛。

心念變動像是微風輕吹，不具有實義。無須執取，就任其變動。認出本來面目之際，即離於任何的破除或成立，這就稱作「妄念顯現為禪修」。）

如上所說，由於安住分不見得可以長久持續，所以應當將安住、動念兩者都作為禪修，這一點至關重要。正如果倉巴尊者所說，若能以正念、覺性來攝持心念的變動，妄念也就不離於禪修。

此外，您還詢問諸如「動念之後安住，如同霧靄散去；安住之後動念，則如新雲出現」等相關教導。

心本身只有一個，只會時而安住、時而變動，這是因為不存在有兩個心。所以，心安住時無變動，變動時無安住。在勝義上來說，一切住與動的任何顯現或感受，都是單獨這個心本身的狀態，也就是「無而能顯」的幻變。如道歌❶所說：

「唯一心成一切種，顯有涅槃從中出。」

（單獨這個心，即成為一切法的種子，無論顯有或涅槃皆是從心中出現。）

法王讓炯多傑（第三世噶瑪巴）在《大手印願文》中說：

「顯現是心空者亦是心，明達是心迷亂亦是心，生者是心滅者亦是心，願知一切增損皆由心。」[1]

---

❶本偈可能引用自印度大成就者薩惹哈的金剛道歌。

①引自張澄基先生《大手印願文》譯作。

（顯現是心，空也是心；了悟是心，迷亂也是心。生是心、滅也是心，祈願能夠生起決斷，確立一切的增益減損皆是心。）

楊貢巴尊者也說：

「心念紛動實相門，認得本面修行要。」

（心的分別念變動，乃是能入實相之門。於此認出本來面目，是為修行的要點。）

教導也說，對於凡俗的迷亂念頭，都要以自明自覺的正念攝持，而不陷入視妄念為堅實的執著。對於心的安住或變動，都不應該區分善惡或選擇取捨。正如巴蒽瓦尊者所說：

「負此名號大手印，實非其他殊異者，
當下感受種種現，守護本面大手印，
隨其起現無取執，守護原狀大手印。
妙哉！如此大手印！
莫以對治為引導，保持開敞多寬廣，
無須取心慎提防，安住本地多悠適，
任現任起任皆宜，無有破立多遼闊。」

（所謂的大手印，其實不是某種特別的事物。

無論當下各式各樣的心念感受，都保持守護本來面目，此即為大手印。

任何現起都隨之而去，不加執取，守護原本的自然狀態，此即為大手印。

真是奇妙啊！如此的大手印！

不必以對治法引導心念，只需保持開放寬敞，那是多麼自在寬廣！

不需要用心謹慎提防，只需在本地原狀安住，那是多麼悠然安適！

所有心念變動都隨其現起，一切都是合宜的。不用破除或成立，那是多麼自由遼闊！）

因此，安住時，於安住中寬坦放鬆；動念時，於動念中自由流動；明了時，於明了中清晰徹見。無論任何狀態，都不要造作修改或令其收放，也不要使役自心，只需要讓心在自己認出自己的狀態中，明明朗朗，赤裸而清楚直視、寬廣平等而安住休息。

所謂的「休息」並不是說，有兩個不同的所安置者與能安置者。正如法王松贊干布說的：

「一切所思皆為心，捨其作為休息住，

所謂『休息』僅詞語，捨此耽執任自然。」

（所有的思考都是概念心，放下心的作為，休息安住。

所謂的「休息」也只是詞語，放下對文字的執著，休息安住。）

所有的文詞詮說，全都不離於世俗，然而勝義實相之智慧，必須由自己的心續直接體驗。因此，關鍵在於不要耽著文詞的侷限概念。

第十六章

渾沌與清晰

您繼續問到，教導說，在遇到任何善惡外緣時，感覺彷彿遇到閃電的情況。

總歸而言，正如先前所說的，無論何種外緣感受，若以正念、覺知攝持，全都能無一例外地成為禪修。然而，要是自明覺性尚未徹底赤裸顯露，而沉浸在像是柔和舒適的安住覺受時，如果突然遇到暫時的外緣，如人聲、狗吠等，便彷彿從安住的感受中驚醒。若是這種情況，就不是在禪修赤裸的平常心，而是對覺受有著些微貪戀。

像這樣的行者，若於無外緣干擾的寂靜處禪修，會生起禪悅之樂；一旦聽到聲響，或是出現六識境緣，便會丟失禪修，這種情況便如您所問的。以安住來說，如果任何外緣出現時，都感覺如同閃電而不能安住，教導說，這是只達到寂止的標誌，像這種情況，必須更加著重勝觀的實修。

歷史記載，往昔帕摩竹巴尊者將一些弟子的臥鋪，安排在開關門聲特別響亮之處，好讓他們的禪修能有所進展；賈宇瓦格西則會在弟子安住禪修時，自己一邊敲打銅鈸。

正如上述所說，重點在於讓覺性達到清晰分，不陷入渾沌的安住覺受。無論有何外緣生起，都將外緣轉為禪修，這極為重要。教導說，關鍵是在任何時候，都要以當下的赤裸平常心清楚直視，不落入昏黯渾沌的安住覺受。如羅惹巴尊者所云：

「不具明分昏沉止，禪修雖久義不明，
具覺性力直看式，短時多次接連修。」
（寂止若未具備明分而呆茫，即使長時間禪修，也不能了悟真義。
應當以具有覺性力的直觀看式，短時而多次地重複禪修。）

若是到達覺性的清晰分，則能認出赤裸的了知，不會陷入模糊的安住覺受。如此的認出即是勝觀，所有禪修的要點都仰賴於如此的勝觀。

此外，對於所有諸如痛苦、忿怒的粗大煩惱與各種病痛，應當專注於能加以感受的覺性，視此為實修的心要。平等一味的教授，也都不離於此關鍵。

像這樣，無論現起任何感知，都以覺性正念認出本來面目，此時便不會隨迷亂妄念而轉。妄念即法身，所有感知自然都能成為禪修。因此，雖然座上、座下的分類繁多，皆可歸納為是否具有自明的正念。

一般來說，噶舉派的大成就者對於根本位與後得位的教導，有許多不同的主張。法王讓炯多傑等祖師，將其劃分為覺受的根本與後得、了悟的根本與後得等種種分類。覺巴吉天頌恭則主張，只有在中品修道以下，才有自地的根本位與後得位，其實並沒有真正的根本位與後得位。

其他傳規的引導教學中，有些主張在未達到上品離戲之前，應該將根本位、後得位分開禪修，而且直到現證離戲瑜伽之時，才入於根本後得雙運。這些眾多不同的引導次第，都是為了隨順行者的根器差別而給予的教導。

蓮花生大士等大多數的大手印教導則主張，如果輪涅二者的分界點是迷不迷亂、明或無明，除此之外別無其他，那麼，根本、後得二者的差別，也就在於是否具有覺性、正念罷了。蓮師更提到：「竭盡所能地保持赤裸平常心，不令其受造作與修改所染，予以守護且不隨迷亂而轉，將其融入日常一切威儀之中，並盡力加以熏習。沒有比這還更殊勝的『根本後得為一』了！」

蓮師在《覺性直指．赤見自解》中說：

「徹離八邊❶此覺性，不墮極端謂『中道』，念明不絕稱『覺性』。
空性具足覺性藏，『如來藏』名亦由此。
如明彼義勝所知，故名『般若波羅蜜』。
超思本來離邊際，又負名號『大手印』。
悟與不誤之差別，因此人稱『阿賴耶』。
無改平常原狀住，覺知清晰亦明亮，
是故彼名『平常心』。
美妙名號一一立，義乃當下明了覺。

❶八邊戲論，是對於心或諸法起了生滅、常斷、一異、來去等特性的分別造作。

說有其他更勝者，似如得象復尋跡，
三千頂峰仍不得，離於此心別無佛。」
〔覺性徹底遠離常、斷等八邊，不墮於任何一邊，因此稱做「中道」。
覺念為恆常不斷，因此稱作「覺性」。
空性又具有覺性精藏，因此稱為「如來藏」。
若能通達此義，即超勝一切所知，因此稱為「般若波羅蜜多」。
超越思惟心，本初以來即離於一切邊際，因此稱作「大手印」。

這僅是了悟與未了悟的差別，所以又稱為「阿賴耶」（一切之基）。

於不加造作、保持平常、以原狀本地安住之時，覺知清晰明朗，此即稱為「平常心」。

像這樣安立了各種美妙的名號，然而真義都是此時此地的當下明覺。

若宣稱還有其他更為超勝者，就好比已獲得大象，卻又再往外尋覓足跡，即使尋至三千大千世界之頂，也不能有絲毫收穫。除了此心之外，再無其他的佛可求。」

以及：

「明與無明輪涅二，一念剎那無分別，
視作離心成迷亂，迷或不迷心一體。
眾生心續非為二，無改自然得解脫，
境相悉心明了境，所見景象無執智，
不因顯迷因執迷，執念為心悟自解。」

（所謂輪迴與涅槃二者，就在於明了或無明。於剎那一念之中，二者即無分別。

若將其視為存在於此心之外，即是迷亂，迷與不迷的體性都是同一個心。

眾生的心相續從來都是無二的，不對其加以改造，自然放下休息，即可解脫。

於明了一切境相為心的境界中，無論景象如何現起，都是無執無取的智慧。

導致迷亂的並非境相，而是對境相產生執著而迷亂。若是明了執著之念為心，遂能解脫。）

蓮師繼續提到：

「於彼實修得盡解，根無利鈍悉解脫，
牛乳芝麻諸油因，如未擠壓油不出。

一切眾生具佛性，未修有情怎成佛。

故當嫻熟自明心。」

（若是能實修此義，便可全然解脫。在此不分根器利鈍的差別，皆能解脫。

就像芝麻與牛乳是能產生油的因緣，但如果不加以擠壓，油便無法從中而出。

同樣的，一切眾生都具有如來藏，若是不予實修，有情便無法成佛。

因此，應當要修行並嫻熟此自明本面。）

正如蓮師所說，不落入散逸與迷亂，並且認出自明的本來面目，這正是修行的精藏所在。沒有比這個更為殊勝的禪修了。

第十七章

無修

您提到，教導說，如未生起禪修心，便難以禪修。因此您對何時該生起禪修心感到疑惑。我的回答如下。

基本上，像是一開始尋求禪修引導教授的心，或是中間實修時，若不精進實修便無法成就義利，所以希求專一實修的心——以上這些心正是意樂加行精進與恆時加行精進，不但有其必要，利益更是廣大。正如《華嚴經》所說：

「為求遣除心中疑，無怠尋求善師言，
猶如護法伏煩惱，見地貪垢悉得除，
精進希求眾解脫。」

（為了從心中消除疑惑，追隨善知識的教誡而不懈怠。

這是好比降伏煩惱的護法，藉此而能消除見地的錯誤與貪著垢染。

此即是為了解脫一切眾生而精進。）

應時時憶念無有散亂的正念，恆時不離。

至於禪修的正行，諸如禪修心的分別妄念、希望禪修成功與恐懼禪修失敗的概念心，或是為求樂、明、無別而禪修的概念心——無論是以上哪種狀況，簡言之，種種期望與概念心的造作，都不過是禪修的歧途。應當要守護離於概念心的自然原狀赤裸狀態。

無論心如何現起或駐留，若是以為認出心的本來面目還不足夠，更以概念心造作出「勝善的禪修」並以此修習，這將形成禪修的纏縛，或使禪修受染而衰壞。無比的岡波巴大師說：

「行者如不受禪縛，無有其他能繫者。見地理解悉皆拋，禪修覺受盡根除。」

（若行者不受禪修所束縛，也就不再受其他事物所羈絆。要捨棄一切概念理解的見地，完全根除所有的禪修覺受。）

林蕎巴（林蕎．貝瑪多傑）尊者也曾說：

「乃至尚有心耽著，輪迴大河不得離，捨斷執著解脫要，無貪無欲成佛果。」

（只要還有概念心的執著，永遠都無法擺脫輪迴之河。捨棄所有執著，乃是解脫的要點。無有貪欲之際，便能成就佛果。）

藏巴嘉蕊尊者也提到：

「無有作意之禪修，不以心造無安立，持心汝輩任隨意，乞者吾守平常心。」

（所謂無有作意的禪修，是不以概念心造作或安立。所有持心的行者，你們大可歡喜為之，而我則是單純守護平常心的一介乞者。）

大成就者鄔金巴也說：

「妄念法身之遊舞，心唯安住非法身，
就地放鬆且觀戲，認出本面甚足矣。
煩惱乃是大智慧，修習對治無以斷，
觀看本面如是修，識得本面成友伴，
六識於心之所現，阻擋境相仍不止，
應當祈請而修行，境相現若幻夢舞。」

（分別妄念是法身的遊舞變幻，心若單只有安住，便不是法身了。

只要原地放鬆，如同欣賞戲劇一般，認出本來面目，這樣就已足夠。

煩惱是大智慧，不能透過修習對治法而捨斷煩惱，應當以觀看本面作為實修，若能認出本來面目，它便成為自己的友伴。

六識在心中現起的道理是：無論如何阻擋境相，都無法加以遏止。

應當殷切祈請並實修，使一切境相成為如幻的遊舞。」

祥仁波切說：

「欲得無貪樂明無分別，當捨修與不修諸造作，
若離修與不修貪欲行，無作禪修乃為究竟修。」

（若希求安住於無貪執、樂、明、無分別的境界，則應放下修與不修的禪修造作。

若能離於修與不修的貪執造作，這樣捨棄造作行為的禪修，即是最究竟的禪修。）

巴拉瓦尊者則說：

「心者本來無收放，原狀自然休息住，
所住能住悉皆無，且識安住本來面。
知本面者亦為思，切莫於彼執著有，
未能離思之禪修，能遮超思陷昏黯。

復復修習離思禪，超離思者亦成思。
於此離思不予修，思惟作意任無有。」

（所謂的心，是無收無放，於本地原本狀態中自然安住。

由於沒有所安住者，也沒有能安住者，應認出安住的本來面目。

能認出本面的也是思惟心，不應將思惟心執為實有。

未離於思惟的禪修，將阻礙行者超越思惟心，繼而陷入深重黑闇之中。

若是一再修習離思的禪修，所謂的「離思」也會成為「思惟」。

因此不修習「離思」，讓一切思惟作意就此消失。）

他繼續提到：

「縱使已無思惟修，仍需熏習無修義，

須臾片刻恆不離，無散正念之精華，

時時守護最為貴。

散者不見實相義，修者執著所修相。

無散無修鮮明境，如此熏習乃正道。」

（儘管已不再以思惟心禪修，但仍需要串習無修的真義。

因此，無論時時刻刻，都要持續不離於無有散亂的正念精要。

若是分心散亂，便無法通達實相。若是禪修，無論所修為何，

都會執著其相狀。

因此，應當於無有散亂、無修的鮮明境地中薰修，此即是正道。）

由此可知，實修傳承的祖師語錄中，有著甚深廣大的無數教導。若歸納其中的關鍵精華，即是：無論自心是何種狀態、如何顯現，都以自明正念守護而單純保持原樣。簡言之，應當堅定決斷具德上師即是佛法身，並以虔心恆時祈請。三界所有眾生，毫無例外都曾是自己的父母，因此懷著慈心、悲心、菩提心，兼以廣大清淨的願心而祈願，無論做何種善行，全都是為了利益等同虛空的無數眾生，不帶絲毫黑闇的利己心。遭逢任何疾病、逆緣、魔祟、痛苦，或死亡之際，除上師三寶外，絕不冀望他者。要抉擇：一切境相為自心、自心為法身、法身超越一切相，並對此生起信解。人生只是短暫的幻夢境相而無實義，沒有時間忙於評估或準備，應當減少各種計畫。只要還有我執，善惡黑白、因果的現象依然不虛，因此，應當努力如理取捨善惡。縱使已現證無為法之義，仍不應貶低有為的善法，應盡己所能，以恆心毅力集資淨障。

讓自己盡力實修而無閒暇，但同時捨棄種種要獲得覺受標誌、成就標誌，以及利他的我執期望。而是要在未證菩提之前，努力使心不離於佛法。

尤其，靠著些許的實修，生起了煖相、神通、幻變境相、咒力、利他事業，因而獲得弟子、名聲或眾多利養之時，要是為之欣喜並心生驕慢，將為自他的此生與來世都帶來災難，這類的修行者如今卻為數眾多。像這樣將障礙與成就兩相混淆，沒有比這個更為嚴重的過失了，卻鮮少有人懂得這一點。

最殊勝的成就標誌即是：虔心視上師，淨觀視同門，悲心視眾生，謹慎視因果；對輪迴生厭離，視財物為無義，心續平和調柔，修行總括為一。若這些在心續中逐漸增長，便足以成為成就的標誌了！

當今濁世之中，所有的法教傳承、上師、眾生，都認為「唯我獨尊」而互相較量辯論。但在修行上，全都只比賽著誰最能違背佛法。楊貢巴尊者說：

「論法如馬鳴，修行如犬吠。」

（談論佛法時，有如駿馬般嘶鳴；然而在修行上，則如狗一般吠叫。）

確實如此啊！

此外，佛子無著賢尊者說：

「今日不死尚難定，長時籌備如恆住，臨死搥胸甚唏噓！」

（今天尚且未知是否還不會死，卻花上許多時間做計畫，彷彿自己永遠活著，那麼臨死之時，極可能會搥胸懊惱不已！）

他繼續提到：

「難忍現下細微苦，蔑視因果膽大者，可怖惡趣深淵臨。」

（連當下的微小痛苦都無法忍受，卻又蔑視因果，這般具有膽量者，之後肯定會落入令人怖畏的惡趣深淵中。）

尊者還說：

「立誓成辦四善法❶，然求權勢起我慢，信守誓言豈能成！」

---

❶策列那措讓卓注解：修四善法，是指遇瞋怒不起瞋怒、遇侮辱不回以侮辱、遇捶打不回以捶打、遇責罵不回以責罵。

（以三昧耶立誓要成辦四種善行，但卻生起追求權勢地位的我慢，怎能信守所許下的諾言呢？）

以及：

「日暖飽腹行者相，逆緣遇苦淪凡夫，自心未能契於法。」

（陽光溫暖、肚子填飽之時，外表看似修行人；遇到逆緣、痛苦時，就淪為一介凡夫。這便是自心未契入佛法啊！）

祖拉陳瓦尊者則說：

「自他傳承莫分別，如行非法皆盡毀。

自身有此當勤捨，印圓中觀能息斷，

六支五第與六法，和合往生道果等，
縱有諸多異分類，趣入法門次第別，
各各真義了悟時，一切無別皆平等。」

（切莫分別自己與他人的法教傳承，若是行這樣的非法之事，將會使一切變得衰敗。自己若是如此，必定要以恆心毅力捨棄這些行為。

無論大手印、大圓滿、中觀、能息派與斷法、時輪六支加行、密集五次第、那若六法、和合往生，以及道果等，雖然有著許多相異的分類，但那些只是趣入方法與趣入法門次第的差別，一旦通達這些類別各個的真實意義，一切即是無別而平等。）

就像這裡說的，雖然就教法而言，並沒有無法理解或不夠深奧的教法，但對個人而言，會由於個人不能理解的過失，導致自己的心相續無法成熟解脫。因此，無論是何種法門傳承，請務必勤懇精進，讓自心相續與法相融。這是我對後世所有人的真誠祈求。

跋

對於您提問的答覆都已大略匯集於此。當中未納入的細節要點，大致上可以閱讀往昔祖師的引導文，特別是第九世噶瑪巴所寫的大手印引導文類。此外，在諸多噶舉祖師仁波切的文集中，也詳盡闡述了四瑜伽的次第、地道的進展方式，以及遣除歧途障礙等細節。

我自己在先前的其他文本中，也闡述了對這些問題的些許理解[1]，

[1] 策列那措讓卓文集曾於德里印行，共達八函。其著作之中，已發行英譯本的有《大手印之燈》《正念明鏡》（*Mirror of Mindfulness*，譯按：中譯版由靈鷲山般若文教基金會出版社發行）、《日輪》（*Circle of the Sun*），後二者皆由自生智出版社（Rangjung Yeshe Publications）發行。

在此由於文字繁多而不再提。無論如何，當中要義在於，不要將所修之法與能修之心看作相異，應當要視其為二者無別的「思盡法盡」❷。也請務必懂得，不必期待或嚮往覺受或地道的進展。

奇妙哉！勝者佛子化身眾，
所行所作唯一事，引領眾生無遺餘。
等福法門無窮演，離言詮說最勝因，
法音唯一福相異，開演八萬四千門。
究竟心要唯一義，眾生心續當中住，

本初即有善逝藏，無明所覆貧家寶，
恆困迷念幻夢獄，繩蛇眼翳螺色黃❸，
眾生如喻迷邪路，百種痛苦相逼惱，
能護商主金剛持，教言大海精華萃，
具福即生善迅道，成熟解脫二甚深，
八萬四千法蘊圓，精華要義如未悟，
所詮枝葉雖廣開，不得無上菩提果。
米滂怙主當知此。

---

❷「思盡法盡」是描述大圓滿法道究竟了悟境界（譯按：即「法性遍盡」）的關鍵用語。

❸據説患有嚴重黃疸症的病患，會將白色海螺看成黃色。

宿慧淨光中無有，須臾疑惑微塵闇，
具福解脫君陀開，聖語諮問放光明。
欲依正法問與答，四無礙解❹皆必要，
不具三慧狂妄答，智者見此唯發笑。
聞思修習未曾有，唯一希求真實義，
習氣惡習不善財，放逸黑闇障蔽痴。
八歲入此真密道，上師悲心諄諄護，
日夜之網仍難除❺，於今不過一老翁。
世間瑣事難明了，不起希求亦不為，
二十七年依蘭若，未得瑜伽僅凡夫，

怎說教誡祕要義，所說亦難成義利，
不違君言故撰文，願此愚論不成過。
成熟解脫諸乘頂，濁世眾生行違逆，
難忍直言如牛鳴，願不傷及他者耳。
遍滿虛空如母眾，無盡幻輪業煩惱，
願其轉為金剛輪，行往解脫勝妙洲。
唯願眾生皆速證，四身無別智金剛，
顯有惡海根盡除。本智現前普吉祥。

❹ 策列那措讓卓注解：法無礙、義無礙、辭無礙、樂說無礙。

❺ 換句話說，無有散亂的覺知，還無法貫通日夜而不中斷。

〔所有勝者、佛子，眾多化身所行的一切事業，全都是為了引領一切眾生，因此隨順眾生各自福分，開演多不勝數的法門。

此一法音難以言語形容，也是一切言詮的勝妙種子。為了順應（眾生）相異的福分，由同一音而有八萬四千法蘊，其究竟精華即是唯一勝義諦。

此唯一勝義諦，也是眾生的相續中本初即有的如來藏。

卻由無明所覆蓋，如同貧者家中地底下的寶藏一般。

恆時在迷亂妄念的如幻牢獄中受盡折磨，就像把雜色花繩誤看作蛇，以及因為眼翳而把白色海螺看作黃色，像這樣，行於邪路的迷亂眾生，被各式各樣數以百計的痛苦折磨而精疲力盡。

護佑眾生、引領解脫的商主金剛持，其如海教言的精華薈萃，正是能令成熟、解脫的兩種甚深教導，這是使有福者即身成就、獲得安樂的迅捷道，同時也圓滿具足八萬四千法蘊。

因此，若是不能了悟精華要義，縱使以枝葉繁盛而廣開的方式來詮說各種主題，也不能獲得無上的菩提果。請米滂．袞波您務必通曉這個道理。

由於您宿世積累的智慧清淨光芒，即使是頃刻間微塵般的黑暗都不存在。然而，為了使希求解脫且具足福分者的君陀花（白蓮）得以綻放，故而以如同聖教言的提問放射光明。

然而，若想要如法如理地回答您如法如理的提問，則必須證得四無礙解。因此我這些缺乏（聞思修）三慧珍寶的狂妄答覆，智者見了必會一笑置之。

像我這樣未曾聽聞修學，只是一心一意希求真實了義之輩，因為習氣、惡習、放逸，以及不善僧財等障蔽，受到鋪天蓋地的深重黑暗所覆蓋而如此愚昧。

我自八歲起便進入真實密咒道，受到眾多具德上師的悲心諄諄護育，卻仍舊未劃破日夜之網，此刻只不過是一介老翁，世間事務既不明白，也不追求，亦不從事。

雖然我住於蘭若處二十七年，仍然尚未獲得瑜伽成就，只是普通的一名凡夫。因此，實在沒理由像這樣講說教誡的祕密要領，所說的話也很難有什麼意義。但我無法拒絕您的請求，希望把這些蠢話寫成文字不會造下罪過。

一切法乘之頂乃是密咒乘的成熟、解脫二者，於此濁世見到眾人反其道而修行，實在難以忍受，故如黃牛悲鳴般直言，但願不會刺痛其他人的耳朵。

遍滿虛空的廣大如母有情，其業力、煩惱、因果乃無盡的如幻輪。唯願能成為粉碎如幻車輪之金剛石，令一切有情通往勝妙解脫洲。

祈願一切眾生皆可迅速獲得四身無別的大智慧金剛，祈願根除險惡的顯有大海，祈願本初智慧現前，一切吉祥圓滿。」

這些有關迅捷道關鍵甚深要義的討論，乃是依導師噶瑪米滂·袞波的敦促而作。嚮往以捨斷禁行為道的老翁那措讓卓，亦名為噶瑪·仁增·南嘉，於庚子陽鐵鼠年（西元一六六〇年）昂宿滿月一切善業增長之際，於座間修善而寫。願此善行，能成為一切迷於名相、隨其而轉的眾生，逆轉其道且真實進入勝乘成熟解脫善道，直至究竟佛果之因。願一切吉祥！

願文

祈請三世勝者佛子眾，及三根本本尊聖持明，
如海護法善行護佑者，賜與加持成辦清淨願。
唯願眾生利樂唯一因，所有妙善功德生起基，
勝者❶珍貴法教無垢寶，遍滿一切時地廣弘揚。

❶ 即釋迦牟尼佛。

唯願有情根性盡無數，勝者法教亦如是周遍，
眾生依心所欲及根性，如法行持甚深廣大教。

唯願諸乘究竟最勝義，見地之巔稀有大圓滿，
聖教精粹光明金剛乘，教法興盛恆常住世間。

唯願三學清淨功德藏，持法教者普遍滿大地，
聞思修者十萬日月顯，法教明燈光耀照十方。

顯聲天咒情器佛剎土，如是覺性界中成一味，
空明無別普賢密意界，本淨界中眾生俱解脫。
唯願三寶真諦加持力，與吾真實清淨意樂力，
成辦一切所願無阻礙，勝者法教恆住普吉祥。

（祈請三世勝者、諸佛子、弟子，三根本之本尊、持明聖者、護佑善行且廣如大海般的護法等眾，為我賜予加持，以成辦清淨的發願。）

我願唯一能成辦所有眾生利樂的因、所有妙善功德的生起根基，也就是勝者的無垢法教珍寶，能夠廣大弘揚且興盛，遍滿一切時間與處所。

我願無論有情具多少不同的根性，勝者法教都能隨順其需求而無一不遍，一切眾生都能依據自己的好欲信解與根性，時時行持甚深廣大的法教。

我願一切法乘的究竟無上勝義、一切見地之巔的稀有大圓滿、一切法教精華的光明金剛乘，能興盛弘揚，恆常存在於世間。

我願具有三學清淨功德寶藏的法教持有者，能遍及大地上所有的處所。祈願聞思修的十萬日月能夠升起，讓法教明燈的光明普遍耀照十方。

一切顯相為本尊、音聲為咒語、情器世間為諸佛國土，一切於覺性界中同成一味。我祈願眾生都能在此空明無別的普賢密意界本淨法界中，獲得解脫。

我願藉由三寶的真諦加持力，以及個人真實清淨意樂的威力，而能成辦一切所願，無有任何障礙，願勝者法教長久住世，一切圓滿吉祥！）

本願文節錄自策列那措讓卓之文集。

詞彙

聖天（Aryadeva，藏 'phags pa'i lha）：印度重要的佛教哲學家之一，為龍樹的弟子，為龍樹著作做了詳細的解釋。

巴惹瓦，法王巴惹瓦．嘉參桑波（Barawa，藏 chos rje 'ba' ra ba rgyal mtshan bzang po，一三一〇—一三九一）：為素浦巴（素爾．卓浦巴，Zurphugpa）、雄色日巴（Shuksebpa）和郭扎巴．索南嘉參的弟子。

博東派（Bodongpa，藏 bo dong pa）：在大班智達巧勒南傑（一三七五—一四五一）之後形成的獨立宗派。巧勒南傑有多達百卷的著作，是歷史上最多產的藏族作家。

布頓（Butön，藏 bu ston）（一二九〇—一三六四）：十四世紀的西藏學者和歷史學家，藏文大藏經《甘珠爾》的早期編纂者。

行續（梵 Charya，spyod pa）：新譯派四部密續中的第二部。

都底（梵 Dhuti）：中脈。

陳那（梵 Dignaga，藏 phyogs glang）：西元五世紀《阿毘達磨俱舍論》作者世親的弟子，以他在量學、因明、理路上的貢獻而為人稱譽。後人尊其為能莊嚴南贍部洲的「六莊嚴」之一。陳那是因明的傳承持有者，藉由因明可避免對正理產生謬誤的見解。

《集經》（Düpado，藏 'dus pa'i mdo）：阿努瑜伽的主要經典。《集

經》包含有根本經《遍集明瞭續》（*Kündü Rigpey Do*，藏 *kun 'dus rig pa'i mdo*）、解釋經《集密意經》（*Do Gongpa Düpa*，藏 *mdo dgongs pa 'dus pa*）等。

交付（Entrustments，藏 bka' gtad）：簡短的灌頂儀式，通常用以獲得本尊的身、語、意加持。

誒旺（梵 Ewam）：此二音節代表空悲、空樂，或方便與智慧雙運。

五邪命（Five kinds of wrong livelihood，藏 log 'tsho lnga）：生起詭詐、虛談、現相、方便研求、以利求利等。

五次第（Five Stages，藏 rim lnga）：由龍樹及其傳承二子聖天和月稱所傳授的不共父續實修體系。包括身、語、意三空，幻身和雙運。

四無礙解（Four types of right discrimination，藏 so so yang dag rig pa bzhi）：辭無礙、義無礙、法無礙，與樂說無礙。

薈供（feast offering，梵 Ganachakra，藏 tshogs kyi 'khor lo）：由金剛乘修持者進行的法會，旨在累積福德並淨化三昧耶。

噶旺．確吉．札巴（Garwang Chökyi Drakpa，藏 gar dbang chos kyi grags pa）：可能與兼阿．確吉．札巴（spyan snga chos kyi grags pa）相同，為第四世夏瑪巴（一四五三—一五二四），乃第七世噶瑪巴確札嘉措的弟子。

格西（Geshe，藏 dge bshes）：一、大乘教法的修道導師。二、噶當派和格魯派傳統中的博學師長。

賈宇瓦格西（Geshe Cha-yulwa，藏 dge bshes bya yul ba；一〇七五—一一三八）：亦名「童光」（gzhon nu ’od），這位噶當派傳承的早期大師，是噶舉祖師岡波巴的上師之一。

咕汝·確旺（Guru Chöwang，藏 gu ru chos dbang，一二一二—一二七〇）：五大伏藏王之一。詳細資訊請參見敦珠仁波切（二世敦珠法王）所撰《寧瑪佛教史》（*The Nyingma School*）。

佛子無著賢（Gyalsey Togmey，藏 rgyal sras thogs med）：也稱為嘉瑟·昂曲·圖美·桑波（Gyalsey Ngülchu Togmey Zangpo，一二九五—一三六九），這位薩迦傳承的大師以其《佛子行三十七頌》而聞名。

嘉華·果倉巴、果倉巴尊者（Gyalwa Götsangpa，藏 rgyal ba rgod tshang

pa：一一八九—一二五八）：字義為「禿鷲巢居者」。是早期的竹巴噶舉傳承大師之一，也稱為袞波多傑（mgon po rdo rje，金剛怙主之義），為蓮花生大士的轉世。果倉巴尊者有眾多的弟子，其中包括大成就者鄔金巴和揚貢巴尊者。

楊貢巴尊者（Gyalwa Yang Gönpa，藏 rgyal ba yang dgon pa：一二一三—一二八七）：竹巴噶舉學派的大師，為果倉巴的弟子。

覺囊派（Jonangpa，藏 jo nang）：他空派的傳承，因祖寺位於覺摩囊而得名。該派大師包括創始人宇摩・彌覺多傑（Yumo Mikyö Dorje）、圖傑尊珠（Tukje Tsöndrü）、篤布巴・喜饒堅贊（Dölpowa Sherab Gyaltsen）與多羅那他（Taranatha）。

噶瑪・米滂・袞波（Karma Mipham Gönpo，藏 karma mi pham mgon po）：參見米滂・袞波（Mipham Gönpo）。

瓊波・南究（Khyungpo Naljor，藏 khyung po rnal 'byor，一〇〇二—一〇六四）：自印度帶回後來名為「香巴噶舉」傳承法教的西藏大師。他是女性成就者尼古瑪的弟子。

天子，或穆尼贊普（King Lhasey，藏 rgyal po lha sras，九世紀）：是藏王赤松德贊的次子。

煩惱（梵 Klesha，藏 nyon mong）：使人心焦燥不安並障蔽佛性的紛亂情緒。

郭扎巴（Kodragpa，藏 ko brag pa，一一八一—一二六一）：亦名為索南・

嘉參（Sönam Gyaltsen），是衛藏（西藏中部）年堆地區（年楚河上游）郭扎寺的創立者。郭扎巴是不分教派運動的偉大上師之一，也是楊貢巴的上師。

吉天頌恭，或稱覺巴仁波切（Kyobpa Rinpoche，藏 skyb pa rin po che，一一四三—一二一七）：為帕摩竹巴的弟子，創立直貢噶舉派。也被稱為覺巴・吉滇・袞波・仁欽・貝（意為救護主・三世怙主・寶吉祥，藏 skyob pa ’jig rten mgon po rin chen dpal）。

林惹巴，林傑・熱巴（Ling je Repa，藏 gling rje ras pa，一一二八—一一八八）：早期竹巴噶舉學派的大師，又稱為林欽惹巴・貝瑪多傑（gling chen ras pa pad ma rdo rje），為帕摩竹巴的弟子，也是藏巴嘉惹的上師。

羅惹巴（Lorepa，藏 lo re pa，一一八七—一二五〇）：是竹巴噶舉傳承的大師。也稱為旺秋・尊珠（dbang phyug brtson 'grus）。

下三續部（Lower sections of Secret Mantra）：即外密三乘，包含事乘、行乘、瑜伽乘。

布薩（Mending-purification，藏 gso sbyong）：用於修復誓言並清淨罪業的儀式。

米滂・袞波（Mipham Gonpo，藏 mi pham mgon po）：亦即彭定・卻傑・米滂，本書內容即是由此位轉世喇嘛所請法的教導。竹巴噶舉傳承大師。

娘・滇增・桑波（Nyangben Tingdzin Zangpo，藏 nyang dben ting ’dzin bzang po）：是無垢友和蓮花生大士的親近弟子。

鄔金巴，又名成就者鄔金仁欽貝（Orgyenpa 或 Druptob Orgyenpa Rinchen Pal，藏 grub thob o rgyan pa rin chen dpal）（一二三〇—一三〇九）：是嘉華果倉巴・袞波多傑和第二世噶瑪巴噶瑪巴希（一二〇四—一二八三）的弟子。鄔金巴前往此世間的鄔金淨土（鄔迪亞那），於該處遇見金剛亥母而得授《鄔金近修》（*Urgyen Nyendrub*）。他也是嘉華・楊貢巴和第三世噶瑪巴讓炯多傑的上師。

吉祥卡卻巴（Pal Kachöpa，藏 dpal mkha’ spyod pa）：可能與卡卻・旺波相同，是第二世夏瑪仁波切（一三五〇—一四〇五）。

實修傳承（Practice Lineage，藏 sgrub brgyud）：傳承的教導與大師都著重個人對教導的實修體驗，有別於著重講授經典的經教傳承（bshad brgyud）。這個詞彙也代表八大實修傳承（sgrub brgyud shing rta brgyad），即在西藏興盛的八大佛教派別，包括：寧瑪、噶當、瑪爾巴噶舉、香巴噶舉、薩迦派、覺竹派、念竹派、能息暨斷法派。只有前五者以獨立傳承流傳至今。

禳解（Safeguard-ransoms）：為遮止危害而布施靈器給鬼類的儀式。

娑婆世界、忍世界（Saha world，藏 mi mjed kyi 'jig rten gyi khams）：我們所在的世界。Saha 的意思是「堪忍」，因為這裡的有情眾生能忍受難以忍受的苦難。Saha 還可以表示「俱時」，因為業力和煩惱、因與果都是無法劃分，無法分離的。

經部宗（Sautrantika，藏 mdo sde pa）：別解脫乘的宗派之一，是佛法四部宗義當中的第二部，以強調取佛經為本、不尊奉阿毘達磨而聞名。

毘盧遮那七支坐法（Sevenfold posture of Vairochana，藏 rnam snang chos bdun）：雙腿跏趺而坐，脊柱挺直，肩膀平齊，內收下顎，手結定印，舌抵上顎，目光置於鼻尖的七種坐姿。

六支加行（Six Unions，藏 sbyor drug）：修部八教之一，包含時輪金剛的竅訣教授。

神通（Superknowledges，藏 mngon shes）：天眼通、大耳通、他心通、神足通、宿命通、漏盡通等。

靈器（Thread-crosses，藏 mdos）：使用彩色絲線纏繞木棍〈，做為布施的替代物或贖物〉，以安撫鬼類的密宗儀式。

藏巴嘉萿（Tsangpa Gyarey，藏 gtsang pa rgya ras，一一六一—一二一一）：竹巴噶舉傳承的早期大師，又稱為耶喜多傑（藏 Yeshe Dorje），為法王林萿巴的首要弟子，其創立了藏巴寺，藏巴噶舉傳承即由此得名。藏巴嘉萿在世時，有一句俗話說：「人中半數為竹巴，竹巴半數為乞丐，乞丐半數為成就者。」

祖拉陳瓦（Tsuglag Trengwa，藏 gtsug la 'phreng ba）（一五〇四—一五六六）：第二世巴俄仁波切。是第八世噶瑪巴米覺多傑的弟子，以關於星相曆算學和法教史的著作聞名。

十二分教（Twelve sections of Sutra），十二部教（藏 gsung rab yan lag bcu gnyis），是佛教聖典的十二分類：契經（藏 mdo sde）；重頌（藏 dbyangs su bsnyad pa）；授記（藏 lung du bstan pa）；諷誦（藏 tshigs su bead pa）；無問自說（藏 mched du brjod pa）；因緣（藏 gleng gzhi）；譬喻（藏 rtogs pa brjod pa）；本事（藏 de lta bu byung ba）；本生（藏 skyes pa'i rabs）；方廣（藏 shin tu rgyas pa'i sde）；未曾有（藏 rmad du byung ba）；論義（藏 gtan la dbab pa）。

《喜金剛．二品續》（*Two Segments*，藏 *brtag gnyis*）：《喜金剛續》的精簡版。

說一切有部（Vaibhashika，藏 bye brag smra ba）：別解脫乘的兩大宗派

之一。此宗源於《阿毘達磨大毘婆沙論》（*Mahavibhasa*，藏 *bye brag bshad mdzod chen mo*）當中的阿毘達磨教導。

無垢友（Vimalamitra，藏 dri med bshes gnyen）：大圓滿法門的大師。受藏王赤松德贊所邀而入藏。為大圓滿法門的三大祖師之一，尤其對藏地的心髓（寧體）教法貢獻良多。

畢魯巴（梵 Virupa）：印度大成就者。其所創的傳承於十一世紀時由卓彌譯師（藏 'brog mi lo tsa ba）傳入西藏，亦即現今人稱的薩迦派（藏 sa skya）。也是阿底峽尊者和東比嘿汝嘎的上師之一。

文殊閻魔敵（梵 Yamantaka）：密宗本尊；金剛部的嘿汝嘎，也是文殊師利的忿怒相。

楊貢巴（Yang Gönpa）：參見嘉華・楊貢巴。

祥仁波切（Zhang Rinpoche，藏 zhang rin po che）：參見祥・蔡巴。

祥・蔡巴（Zhang Tshalpa，藏 zhang tshal pa，一一二三—一一九三）：又名查・尊珠・札巴（brtson 'grus grags pa），他是達波・貢珠的弟子，也是蔡巴噶舉的創始人。

參考書目

《毘盧遮那現證菩提經》（*Abhisambodhi of Vairochana*，藏 *rnam snang mngon byang*）。

《大手印願文》（*Aspiration of Mahamudra*，藏 *phyag chen smon lam*）。

《明界續》（*Brilliant Expanse*，藏 *klong gsal gyi rgyud*）。

《佛頂經》（*Buddha Skull Tantra*，藏 *sangs rgyas thad pa'i rgyud*）。

《寶雲經》（*Cloud of Jewels Sutra*，藏 *dkon mchog sprin gyi mdo*，梵 *Ratnamegha Sutra*）。

《修部八教・善逝總集》（*Eight Sadhana Teachings of Sugatagarbha*，藏 *bde gshegs snying po sgrub pa bka' brgyad*）。

《祕密藏續》（*Essence Tantra*，藏 *snying po'i rgyud*）。

《五次第》（*Five Stages*，藏 *rim lnga*）。

《吉祥普合續》（*Glorious Tantra of Everlasting Union*，藏 *dpal kun tu kha sbyor gyi rgyud*）。

《大圓滿心髓》（*Heart Essence of the Great Perfection*，藏 *rdzogs chen snying tig*）。

《心鏡》（*Heart Mirror*，藏 *snying gi me long*）。

《般若心經》（*Heart of Transcendent Knowledge*，藏 *sher snying*）。

《內義》（*Inner Topics*，藏 *nang don*）。

《解脫莊嚴寶論》（*Jewel Ornament of Liberation*，藏 *dvags po thar rgyan*）。

《噶瑪寧體》（*Karma Nyingtig*，藏 *karma snying thig*）。

《上師意集》（*Lama Gongpa Düpa*，藏 *bla ma dgongs pa 'dus pa*）。

《大幻化網・寂忿文武百尊》（*Magical Display of the Peaceful and Wrathful Ones*，藏 *zhi khro sgyu 'phrul*）。

《大印・除無明闇》（*Mahamudra of Dispelling the Darkness of Ignorance*，藏 *phyag chen ma rig mun sel*）。

《大印・廣界離際》（*Mahamudra of Unconfined Vastness*，藏 *phyag*

chen klong yangs mtha' bral）。

《無熱惱龍王經》（*Manarasowar Sutra*，藏 *ma dros pa'i mdo*）。

《大手印教言》（*Oral Advice on Mahamudra*，藏 *phyag chen zhal gdams*）。

《貝瑪心髓》或音譯《貝瑪寧體》（*Padma Nyingtig*，藏 *padma snying thig*）。

《大印直指》（*Pointing-out Instruction of Mahamudra*，藏 *phyag chen ngo sprod*）。

《甚深內義》（*Profound Inner Topics*，藏 *zab mo nang don*）。

《祕密授記》（*Prophecies of the Oral Lineage*，藏 *lung bstan bka'* *ma*）。

《寶積經》（*Ratnakuta Sutra*，藏 *mdo dkon mchog brtsegs pa*）。

《隱秘口訣揭顯》（*Revealing the Hidden Points of Oral Instruction*，藏 *zhal gdams gab pa mngon phyungs*）。

《正相合續》（或音譯《桑布札續》，梵 *Sambhuti Tantra*）。

《集經》（*Scripture of the Great Assemblage*，藏 *'dus pa mdo*）。

《明界熾燃日光祕密續》（*Secret Tantra of the Blazing Sun Expanse of Luminosity*，藏 *klong gsal 'bar ba nyi ma'i gsang rgyud*）。

《空行祕密藏續》（*Secret Treasury of the Dakinis*，藏 *mkha' 'gro gsang mdzod*）。

《覺性直指・赤見自解》（*Self-liberated Direct Seeing that Points Out the Awareness*，藏 *rig pa ngo sprod cer mthong rang grol*）。

《七支直指》（*Sevenfold Pointing-out Instruction*，藏 *ngo sprod bdun pa*）。

《寶庫續》（*Storehouse Tantra*，藏 *bang mdzod kyi rgyud*）。

《大象入水後續》（*Subsequent Tantra of the Bathing Elephant*，藏 *glang po chur 'jug gi rgyud phyi ma*）。

《幻士仁賢受決經》（*Sutra Foretelling Goodness*，藏 *bzang po lung bstan pa'i mdo*）。

《解深密經》（*Sutra of Unraveling the Intent*，藏 *dgongs pa nges 'grel*）。

《華嚴經》（*Sutra of the Arrayed Tree*，藏 *sdong po bkod pa'i mdo, Gandhavyuha*）。

《三摩地王經》（*Sutra of the King of Samadhi*，藏 *ting 'dzin rgyal po'i mdo*）。

《地藏十輪經》（*Sutra of the Ten Wheels of Ksitigarbha*，藏 *sa'i snying po 'khor lo bcu pa'i mdo*）。

《無垢果續》（*Tantra of Immaculate Fruition*，藏 *'bras bu dri ma med pa'i rgyud*）。

《能息續》（*Tantra of Pacifying*，藏 *zhi byed kyi rgyud*）。

《明界續》（*Tantra of the Brilliant Expanse*，藏 *klong gsal*）。

《金剛薩埵心鏡續》（*Tantra of the Mirror of the Heart of Vajrasattva*，藏 *rdo sems snying gi me long rgyud*）。

《無垢藏續》（*Tantra of the Immaculate Essence*，藏 *dri ma med snying po'i rgyud*）。

《心鏡續》（*Tantra of the Mirror of the Heart*，藏 *snying gi me long*）。

《和合續》（*Tantra of Union*，藏 *kha sbyor gyi rgyud*）。

《灌頂四河續》（*Tantra that Embodies the Four Rivers of Empowerment*，藏 *dbang gi chu bo bzhi 'dus kyi rgyud*）。

《彌勒五論》（*Teachings of Maitreya*，藏 *byams chos*）。

《寶性論》（*Uttara Tantra*，藏 *rgyud bla ma*）。

《金剛鬘》（*Vajra Garland*，藏 *rdo rje phreng ba*）。

《智點續》（*Wisdom Bindu*，藏 *ye shes thig le*）。

橡樹林文化 ❖❖ 善知識系列 ❖❖ 書目

JB0001	狂喜之後	傑克・康菲爾德◎著	380 元
JB0002	抉擇未來	達賴喇嘛◎著	250 元
JB0004X	東方大日	邱陽・創巴仁波切◎著	300 元
JB0005	幸福的修煉	達賴喇嘛◎著	230 元
JB0006X	初戀三摩地	一行禪師◎著	280 元
JB0007X	森林中的法語	阿姜查◎著	320 元
JB0010X	達賴喇嘛　禪修地圖	達賴喇嘛◎著	320 元
JB0011	你可以不怕死	一行禪師◎著	250 元
JB0012X	平靜的第一堂課——觀呼吸	德寶法師 ◎著	280 元
JB0014Y	觀照的奇蹟	一行禪師◎著	220 元
JB0015	阿姜查的禪修世界——戒	阿姜查◎著	220 元
JB0016	阿姜查的禪修世界——定	阿姜查◎著	250 元
JB0017	阿姜查的禪修世界——慧	阿姜查◎著	230 元
JB0018Y	遠離四種執著	究給・企千仁波切◎著	300 元
JB0019Y	禪者的初心（暢銷全球五十週年紀念版）	鈴木俊隆◎著	300 元
JB0020X	心的導引	薩姜・米龐仁波切◎著	240 元
JB0021X	佛陀的聖弟子傳 1	向智長老◎著	240 元
JB0022	佛陀的聖弟子傳 2	向智長老◎著	200 元
JB0023	佛陀的聖弟子傳 3	向智長老◎著	200 元
JB0024	佛陀的聖弟子傳 4	向智長老◎著	260 元
JB0025	正念的四個練習	喜戒禪師◎著	260 元
JB0027	見佛殺佛	一行禪師◎著	220 元
JB0028	無常	阿姜查◎著	220 元
JB0029	覺悟勇士	邱陽・創巴仁波切◎著	230 元
JB0030	正念之道	向智長老◎著	280 元
JB0032	統御你的世界	薩姜・米龐仁波切◎著	240 元
JB0033	親近釋迦牟尼佛	髻智比丘◎著	430 元
JB0034	藏傳佛教的第一堂課	卡盧仁波切◎著	300 元
JB0035	拙火之樂	圖敦・耶喜喇嘛◎著	280 元
JB0037X	一行禪師　活在正念的愛裡	一行禪師◎著	300 元
JB0038	專注力	B・艾倫・華勒士◎著	250 元

JB0039Y	輪迴的故事	堪欽慈誠羅珠◎著	280 元
JB0040	成佛的藍圖	堪千創古仁波切◎著	270 元
JB0041	事情並非總是如此	鈴木俊隆禪師◎著	240 元
JB0042X	祈禱的力量	一行禪師◎著	300 元
JB0044	當光亮照破黑暗	達賴喇嘛◎著	300 元
JB0045X	覺照在當下	優婆夷紀・那那蓉◎著	300 元
JB0046	大手印暨觀音儀軌修法	卡盧仁波切◎著	340 元
JB0047X	蔣貢康楚閉關手冊	蔣貢康楚羅卓泰耶◎著	260 元
JB0048X	開始學習禪修	凱薩琳・麥唐諾◎著	320 元
JB0049X	我可以這樣改變人生	堪布慈囊仁波切◎著	300 元
JB0050	不生氣的生活	W. 伐札梅諦◎著	250 元
JB0052	一心走路	一行禪師◎著	280 元
JB0054	觀世音菩薩妙明教示	堪布慈囊仁波切◎著	350 元
JB0058	慈悲與智見	達賴喇嘛◎著	320 元
JB0059	親愛的喇嘛梭巴	喇嘛梭巴仁波切◎著	320 元
JB0062X	白話《菩提道次第廣論》	宗喀巴大師◎著	550 元
JB0063	離死之心	竹慶本樂仁波切◎著	400 元
JB0065X	夢瑜伽與自然光的修習	南開諾布仁波切◎著	320 元
JB0067X	最勇敢的女性菩薩：綠度母	堪布慈囊仁波切◎著	350 元
JB0069	接觸大地：與佛陀的親密對話	一行禪師◎著	220 元
JB0070	安住於清淨自性中	達賴喇嘛◎著	480 元
JB0072S	菩薩行的祕密【上下冊】	佛子希瓦拉◎著	700 元
JB0073	穿越六道輪迴之旅	德洛達娃多瑪◎著	280 元
JB0074X	突破修道上的唯物	邱陽・創巴仁波切◎著	320 元
JB0078	見之道	根松仁波切◎著	330 元
JB0079	彩虹丹青	祖古・烏金仁波切◎著	340 元
JB0082	進入禪定的第一堂課	德寶法師◎著	300 元
JB0083X	藏傳密續的真相	圖敦・耶喜喇嘛◎著	300 元
JB0085	本智光照：功德寶藏論　顯宗分講記	遍智　吉美林巴◎著	380 元
JB0086	普賢王如來祈願文	竹慶本樂仁波切◎著	320 元
JB0088	不依執修之佛果	敦珠林巴◎著	320 元
JB0089	本智光照：功德寶藏論　密宗分講記	遍智　吉美林巴◎著	340 元
JB0090	三主要道論	堪布慈囊仁波切◎講解	280 元
JB0091	千手千眼觀音齋戒：紐涅的修持法	汪遷仁波切◎著	400 元

JB0092	回到家，我看見真心	一行禪師◎著	220 元
JB0093	愛對了	一行禪師◎著	260 元
JB0095X	次第花開	希阿榮博堪布◎著	350 元
JB0096	楞嚴貫心	果煜法師◎著	380 元
JB0097	心安了，路就開了： 讓《佛說四十二章經》成為你人生的指引	釋悟因◎著	320 元
JB0098	修行不入迷宮	札丘傑仁波切◎著	320 元
JB0099	看自己的心，比看電影精彩	圖敦．耶喜喇嘛◎著	280 元
JB0100	自性光明．法界寶庫論	大遍智　龍欽巴尊者◎著	480 元
JB0101X	穿透《心經》：原來，你以為的只是假象	柳道成法師◎著	380 元
JB0102	直顯心之奧秘：大圓滿無二性的殊勝口訣	祖古貝瑪．里沙仁波切◎著	500 元
JB0103	一行禪師講《金剛經》	一行禪師◎著	320 元
JB0104	一行禪師談生命真正的快樂： 金錢與權力能帶給你什麼？	一行禪師◎著	300 元
JB0105	一行禪師談正念工作的奇蹟	一行禪師◎著	280 元
JB0106	大圓滿如幻休息論	大遍智　龍欽巴尊者◎著	320 元
JB0107	覺悟者的臨終贈言：《定日百法》	帕當巴桑傑大師◎著 堪布慈囊仁波切◎講述	300 元
JB0109	快樂來自心	喇嘛梭巴仁波切◎著	280 元
JB0110	正覺之道．佛子行廣釋	根讓仁波切◎著	550 元
JB0111	中觀勝義諦	果煜法師◎著	500 元
JB0112	觀修藥師佛：祈請藥師佛，能解決你的 困頓不安，感受身心療癒的奇蹟	堪千創古仁波切◎著	300 元
JB0113	與阿姜查共處的歲月	保羅．布里特◎著	300 元
JB0114	正念的四個練習	喜戒禪師◎著	300 元
JB0115	揭開身心的奧秘：阿毗達摩怎麼說？	善戒禪師◎著	420 元
JB0116	一行禪師講《阿彌陀經》	一行禪師◎著	260 元
JB0117	一生吉祥的三十八個祕訣	四明智廣◎著	350 元
JB0118	狂智	邱陽創巴仁波切◎著	380 元
JB0119	療癒身心的十種想——兼行「止禪」與「觀禪」 的實用指引，醫治無明、洞見無常的妙方	德寶法師◎著	320 元
JB0120	覺醒的明光	堪祖蘇南給稱仁波切◎著	350 元
JB0121	大圓滿禪定休息論	大遍智　龍欽巴尊者◎著	320 元
JB0122X	正念的奇蹟	一行禪師◎著	300 元

JB0123	一行禪師　心如一畝田：唯識 50 頌	一行禪師◎著	360 元
JB0124X	一行禪師 你可以不生氣：佛陀的最佳情緒處方	一行禪師◎著	320 元
JB0125	三句擊要： 以三句口訣直指大圓滿見地、觀修與行持	巴珠仁波切◎著	300 元
JB0126	六妙門：禪修入門與進階	果煜法師◎著	400 元
JB0127	生死的幻覺	白瑪桑格仁波切◎著	380 元
JB0129	禪修心經——萬物顯現，卻不真實存在	堪祖蘇南給稱仁波切◎著	350 元
JB0130	頂果欽哲法王：《上師相應法》	頂果欽哲法王◎著	320 元
JB0131	大手印之心：噶舉傳承上師心要教授	堪千創古仁切波◎著	500 元
JB0132	平心靜氣：達賴喇嘛講《入菩薩行論》〈安忍品〉	達賴喇嘛◎著	380 元
JB0133	念住內觀：以直觀智解脫心	班迪達尊者◎著	380 元
JB0134	除障積福最強大之法——山淨煙供	堪祖蘇南給稱仁波切◎著	350 元
JB0135	撥雲見月：禪修與祖師悟道故事	確吉．尼瑪仁波切◎著	350 元
JB0136X	醫者慈悲心：對醫護者的佛法指引	確吉．尼瑪仁波切 大衛．施林醫生　◎著	350 元
JB0137	中陰指引——修習四中陰法教的訣竅	確吉．尼瑪仁波切◎著	350 元
JB0138X	佛法的喜悅之道	確吉．尼瑪仁波切◎著	350 元
JB0139	當下了然智慧：無分別智禪修指南	確吉．尼瑪仁波切◎著	360 元
JB0140	生命的實相——以四法印契入金剛乘的本覺修持	確吉．尼瑪仁波切◎著	360 元
JB0141	邱陽創巴仁波切 當野馬遇見上師：修心與慈觀	邱陽創巴仁波切◎著	350 元
JB0142	在家居士修行之道——印光大師教言選講	四明智廣◎著	320 元
JB0143	光在，心自在 〈普門品〉陪您優雅穿渡生命窄門	釋悟因◎著	350 元
JB0144	剎那成佛口訣——三句擊要	堪祖蘇南給稱仁波切◎著	450 元
JB0145	進入香巴拉之門——時輪金剛與覺囊傳承	堪祖嘉培珞珠仁波切◎著	450 元
JB0146	（藏譯中）菩提道次第廣論： 抉擇空性見與止觀雙運篇	宗喀巴大師◎著	800 元
JB0147	業力覺醒：揪出我執和自我中心， 擺脫輪迴束縛的根源	圖丹．卻准◎著	420 元
JB0148	心經——超越的智慧	密格瑪策天喇嘛◎著	380 元
JB0149	一行禪師講《心經》	一行禪師◎著	320 元
JB0150	寂靜之聲——知念就是你的皈依	阿姜蘇美多◎著	500 元

JB0151	我真正的家，就在當下——一行禪師的生命故事與教導	一行禪師◎著	360 元
JB0152	達賴喇嘛講三主要道——宗喀巴大師的精華教授	達賴喇嘛◎著	360 元
JB0153	輪迴可有道理？——五十三篇菩提比丘的佛法教導	菩提比丘◎著	600 元
JB0154	一行禪師講《入出息念經》：一呼一吸間，回到當下的自己	一行禪師◎著	350 元
JB0155	我心教言——敦珠法王的智慧心語	敦珠仁波切◎著	380 元
JB0156	朗然明性：藏傳佛教大手印及大圓滿教法選集	蓮花生大士、伊喜·措嘉、龍欽巴、密勒日巴、祖古·烏金仁波切等大師◎著	400 元
JB0157	跟著菩薩發願：〈普賢行願品〉淺釋	鄔金智美堪布◎著	400 元
JB0158	一行禪師　佛雨灑下——禪修《八大人覺經》《吉祥經》《蛇喻經》《中道因緣經》	一行禪師◎著	380 元
JB0160	觀修《金剛經》	雪歌仁波切◎著	550 元
JB0161	證悟瑰寶：佛陀與成就大師們的智慧教言	艾瑞克 · 貝瑪 · 昆桑◎著	500 元
JB0162	逐跡佛陀：巴利古籍所載的佛陀生平	達彌卡法師◎著	460 元
JB0163	不是挪威的森林——噶陀格澤仁波切開示錄	噶陀格澤仁波切◎著	360 元
JB0164	馬哈希大師 內觀手冊	馬哈希大師◎著	800 元

橡樹林文化 ❖❖ 蓮師文集系列 ❖❖ 書目

JA0001	空行法教	伊喜·措嘉佛母輯錄付藏	260 元
JA0002	蓮師傳	伊喜·措嘉記錄撰寫	380 元
JA0003	蓮師心要建言	艾瑞克·貝瑪·昆桑◎藏譯英	350 元
JA0005	松嶺寶藏	蓮花生大士◎著	330 元
JA0006	自然解脫	蓮花生大士◎著	400 元
JA0008S	智慧之光一、二	根本文◎蓮花生大士 釋論◎蔣貢·康楚	799 元
JA0009	障礙遍除：蓮師心要修持	蓮花生大士◎著	450 元
JA0010	呼喚蓮花生：祈求即滿願之蓮師祈請文集	卻札蔣措◎著	550 元

橡樹林文化 ❖❖ 成就者傳紀系列 ❖❖ 書目

JS0001	惹瓊巴傳	堪千創古仁波切◎著	260 元
JS0002	曼達拉娃佛母傳	喇嘛卻南、桑傑・康卓◎英譯	350 元
JS0003	伊喜・措嘉佛母傳	嘉華・蔣秋、南開・寧波◎伏藏書錄	400 元
JS0004	無畏金剛智光： 怙主敦珠仁波切的生平與傳奇	堪布才旺・董嘉仁波切◎著	400 元
JS0006	帝洛巴傳	堪千創古仁波切◎著	260 元
JS0007	南懷瑾的最後 100 天	王國平◎著	380 元
JS0008	偉大的不丹傳奇・五大伏藏王之一 貝瑪林巴之生平與伏藏教法	貝瑪林巴◎取藏	450 元
JS0009	噶舉三祖師：馬爾巴傳	堪千創古仁波切◎著	300 元
JS0010	噶舉三祖師：密勒日巴傳	堪千創古仁波切◎著	280 元
JS0011	噶舉三祖師：岡波巴傳	堪千創古仁波切◎著	280 元
JS0012	法界遍智全知法王——龍欽巴傳	蔣巴・麥堪哲・史都爾◎著	380 元
JS0013	藏傳佛法最受歡迎的聖者—— 瘋聖竹巴袞列傳奇生平與道歌	格西札浦根敦仁欽◎藏文彙編	380 元
JS0014X	大成就者傳奇： 54 位密續大師的悟道故事	凱斯・道曼◎英譯	500 元
JS0015	證悟的流浪者—— 巴楚仁波切之生平與言教	馬修・李卡德◎英譯	580 元
JS0018S	我的淨土到了——多芒揚唐仁波切傳	卻札蔣措◎著	1200 元
JS0019	大伏藏師——秋吉林巴行傳	蓮花生大士、秋吉林巴、 蔣揚欽哲旺波、蔣貢康楚羅卓泰耶、 烏金督佳仁波切、帕秋仁波切◎著	650 元
JS0020	歪瓜：一代禪師鈴木俊隆的平凡與不凡	大衛・查德威克◎著	760 元
JS0021	二十世紀最偉大的女伏藏師—— 色拉康卓自傳	色拉康卓◎著	600 元

橡樹林文化 ❖❖ 圖解佛學系列 ❖❖ 書目

JL0001X	圖解西藏生死書	張宏實◎著	520 元
JL0002X	圖解佛教八識	洪朝吉◎著	300 元

Published by agreement with Rangjung Yeshe Publications through the Chinese Connection Agency, a division of The Yao Enterprises, LLC.

善知識 JB0165

什麼是灌頂？——灌頂意義・大手印修持問答

Empowerment and the Path of Liberation

作　　者／策列那措讓卓（Tsele Natsok Rangdröl）
譯　　者／林姿瑩
校 對 者／楊書婷
責 任 編 輯／陳芊卉
封 面 設 計／周家瑤
內 頁 排 版／菩薩蠻電腦科技有限公司
業　　務／顏宏紋
印　　刷／中原造像股份有限公司

發 行 人／何飛鵬
事業群總經理／謝至平
總 編 輯／張嘉芳
出　　版／橡樹林文化
台北市南港區昆陽街 16 號 4 樓
電話：886-2-2500-0888 #2738　傳真：886-2-2500-1951
發　　行／英屬蓋曼群島商家庭傳媒股份有限公司城邦分公司
台北市南港區昆陽街 16 號 8 樓
客服專線：02-25007718；02-25007719
24 小時傳真專線：02-25001990；02-25001991
服務時間：週一至週五上午 09:30-12:00；下午 13:30-17:00
劃撥帳號：19863813　戶名：書虫股份有限公司
讀者服務信箱：service@readingclub.com.tw
城邦網址：http://www.cite.com.tw
香港發行所／城邦（香港）出版集團有限公司
香港九龍土瓜灣土瓜灣道 86 號順聯工業大廈 6 樓 A 室
電話：852-25086231　傳真：852-25789337
電子信箱：hkcite@biznetvigator.com
馬新發行所／城邦（馬新）出版集團
Cite（M）Sdn. Bhd.（458372U）
41, Jalan Radin Anum, Bandar Baru Seri Petaling,
57000 Kuala Lumpur, Malaysia.
電話：+6(03)-90563833
傳真：+6(03)-90576622
電子信箱：services@cite.my

一版一刷　2025 年 7 月
ISBN：978-626-7449-81-3 (紙本書)
ISBN：978-626-7449-80-6 (EPUB)
售價：460 元

城邦讀書花園
www.cite.com.tw

國家圖書館出版品預行編目 (CIP) 資料

什麼是灌頂？——灌頂意義・大手印修持問答 / 策列那措讓卓 (Tsele Natsok Rangdröl) 作；林姿瑩譯 . -- 一版 . -- 臺北市：橡樹林文化出版：英屬蓋曼群島商家庭傳媒股份有限公司城邦分公司發行 , 2025.07
面；　公分 . -- (善知識 ; JB0165)
譯自 : Empowerment and the path of liberation
ISBN 978-626-7449-81-3(平裝)

1.CST: 藏傳佛教 2.CST: 佛教修持

226.965　　114004802

處理佛書的方式

佛書內含佛陀的法教，能令我們免於投生惡道，並且為我們指出解脫之道。因此，我們應當對佛書恭敬，不將它放置於地上、座位或是走道上，也不應跨過。搬運佛書時，要妥善地包好、保護好。放置佛書時，應放在乾淨的高處，與其他一般的物品區分開來。

若是需要處理掉不用的佛書，就必須小心謹慎地將它們燒掉，而不是丟棄在垃圾堆當中。焚燒佛書前，最好先唸一段祈願文或是咒語，例如唵（OM）、啊（AH）、吽（HUNG），然後觀想被焚燒的佛書中的文字融入「啊」字，接著「啊」字融入你自身，之後才開始焚燒。

這些處理方式也同樣適用於佛教藝術品，以及其他宗教教法的文字記錄與藝術品。

ཡི་གེ་ཉི་ཤུ་རྩ་དྲུག་པ་འདི་དཔེ་ཆའི་ནང་དུ་བཞག་ན་དཔེ་ཆ་དེ་ཅི་འདྲར་
བགོམས་ཀྱང་ཉེས་པ་མི་འབྱུང་བར་འཇམ་དཔལ་རྩ་རྒྱུད་ལས་གསུངས་སོ། །

此咒置經書中　可滅誤跨之罪

填寫本書線上回函